― 읽다 보면 문해력이 저절로 ―

그래서 이런 관용어가 생겼대요

우리누리 글 | 송진욱 그림

길벗스쿨

들어가며

"세상에, 도둑이 경찰서를 털었대. 간도 크지."
"엄마가 시킨 일에 발목 잡혀서 다른 건 아무것도 못해."
어릴 때 어른들이 하는 말을 듣고 고개를 갸우뚱거린 적이 있어요. '간이 크다'라는 말은 겁이 없다는 뜻이고, '발목 잡히다'라는 말은 어떤 일에 꽉 잡혀 벗어나지 못한다는 뜻이지요.

그런데 참 궁금했어요. 겁이 없는 걸 왜 하필 간이 크다고 할까요? '위가 크다', '심장이 크다'고 하지 않고 말이에요. 어떤 일에 꽉 잡혔을 때는 왜 발목 잡혔다고 할까요? 손목이나 어깨를 잡는다고 할 수도 있잖아요.

'간이 크다', '발목을 잡히다'라는 표현은 벌써 오래전부터 그런 뜻으로 쓰기로 약속한 말이라 다른 말로 바꿔 쓸 수 없어요. 이런 말들을 '관용어'라고 해요. 한자로 慣(익숙할 관), 用(쓸 용), 語(말씀 어)라고 써요. 말 그대로 긴 세월 동안 익숙하게 사용해 온 말이라는 뜻이죠.

관용어는 대개 둘 이상의 낱말이 합쳐져 본래 뜻과는 전혀 다른 새로운 의미로 굳어진 말이에요. 그래서 우리가 단어를 외우듯 관용어도 외우려고 애쓰고 자주 사용해야 그 의미를 잘 이해할 수 있어요.

이 책은 관용어가 처음에 어떻게 생겨났는지 그 배경을 쉽게 설명하려고 했어요. 그래서 읽다 보면 관용어가 저절로 머릿속에 쏙 새겨질 거예요. 또한 관용어에는 우리 문화도 담겨 있어 옛 문화를 엿보는 재미가 쏠쏠하답니다.

　관용어를 일상생활에서 쉽고 재미있게 사용할 수 있도록 산이와 솔이 가족이 등장하는 만화도 함께 곁들였으니 나중에 어린이 여러분도 산이 솔이처럼 관용어를 자연스럽게 사용하게 될 거예요. 관용어를 많이 알면 그만큼 표현력이 좋아지고 다양한 문장을 구사할 수 있어요. 그러면 좋아하는 친구에게 고백 편지도 더 잘 쓸 수 있겠지요?

　자, 관용어와 담을 쌓지 말고 어느 쪽이든 펼쳐서 읽어 보세요. 담을 쌓다? 무슨 뜻인지 궁금하지요? 이 말도 책 속에 있으니 얼른 찾아보세요.

-우리누리

차례

들어가며 2

1장
얼굴에 빗댄 관용어

골머리를 썩이다 8
귀가 얇다 10
귀를 기울이다 12
귀에 딱지가 앉다 14
낯을 가리다 16
눈 깜짝할 사이 18
눈독을 들이다 20
눈이 맞다 22
면목이 없다 24
얼굴이 두껍다 26
이를 갈다 28
입에 침이 마르다 30
입을 맞추다 32
콧대가 높다 34
콧방귀를 뀌다 36
혀를 차다 38

2장
신체에 빗댄 관용어

가슴에 새기다 42
간이 크다 44
다리 뻗고 자다 46
뒤통수를 맞다 48
머리를 맞대다 50
머리 꼭대기에 앉다 52
몸을 사리다 54
무릎을 꿇다 56
무릎을 치다 58
발등에 불이 떨어지다 60
발목 잡히다 62
발이 넓다 64
배가 아프다 66
손을 씻다 68
손을 잡다 70
어깨가 무겁다 72

3장
음식에 빗댄 관용어

국물도 없다 76
국수를 먹다 78
그림의 떡 80
깨가 쏟아지다 82
뜨거운 맛을 보다 84

뜸을 들이다 86
밥 먹듯 하다 88
입맛대로 하다 90
죽을 쑤다 92
찬밥 더운밥 가리다 94
초를 치다 96
한솥밥을 먹다 98

물건에 빗댄 관용어

가면을 벗다 102
감투를 쓰다 104
나사가 풀리다 106
다리를 놓다 108
담을 쌓다 110
색안경을 쓰다 112
쐐기를 박다 114
첫 단추를 끼우다 116
트집을 잡다 118
판에 박다 120
풀이 죽다 122
허리띠를 졸라매다 124

자연에 빗댄 관용어

가시가 돋다 128
꽃을 피우다 130
날개를 펴다 132
떠오르는 별 134
뜬구름 잡다 136
물 만난 고기 138
물불을 가리지 않다 140
불 보듯 뻔하다 142
빛을 보다 144
뿌리를 뽑다 146
약이 오르다 148
쥐도 새도 모르게 150
파리 날리다 152
하늘이 노랗다 154
해가 서쪽에서 뜨다 156

찾아보기 158

일러두기

- 말의 뜻은 국립국어원 『표준국어대사전』을 주로 참고해 풀이했어요.
- 하나의 말에도 여러 가지 뜻이 있어요. 이 책에서는 대표적으로 쓰이는 뜻을 주로 적어 놓았어요.
- 말의 유래는 오래전부터 전해 내려오는 이야기이기 때문에 자료마다 전해지는 내용이 조금씩 다르거나 학자마다 주장하는 내용이 다르기도 해요. 더 궁금한 내용은 직접 조사해 보세요.

1장 얼굴에 빗댄 관용어

골머리를 썩이다

어떤 일로 몹시 애쓰거나 애태우다

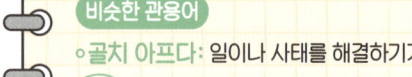

> **비슷한 관용어**
> ○ **골치 아프다:** 일이나 사태를 해결하기가 성가시거나 어렵다.
> 예문 고라니가 산에서 내려와 밭을 헤집어 놓아 골치 아프다.

옛날에 아주 어린 원님이 있었어요. 아홉 살에 장원 급제를 할 만큼 아주 총명했지만, 이방을 비롯한 신하들은 원님이 나이가 어리다는 이유로 말을 잘 듣지 않았어요. 원님은 날마다 한숨을 내쉬며 골머리를 썩였지요.

그러던 어느 날, 원님에게 좋은 생각이 떠올랐어요.

"그대들에게 긴히 할 말이 있으니 가서 수숫대 좀 뽑아 오게."

'뜬금없이 수숫대를 뽑아 오라고? 그걸로 대체 뭘 하려고?'

이방이 수숫대를 가져오자, 어린 원님이 신하들에게 명령했어요.

"이 수숫대를 모두 소매에 넣어 보아라. 단, 꺾거나 부러뜨리면 안 된다."

이방과 신하들은 고개를 갸웃하며 수숫대를 소매에 넣으려고 낑낑댔지만 잘될 리가 없었지요. 그 모습을 지켜보던 어린 원님이 웃으며 물었어요.

"그 수숫대는 몇 년이나 자란 것이냐?"

"일 년 자란 것입니다."

"그래, 기껏 일 년 자란 수숫대도 소매 속에 넣지 못하면서 아홉 해나 자란 나를 함부로 손안에 쥐려고 한단 말이냐."

그제야 신하들은 뜨끔하여 원님에게 잘못을 싹싹 빌었어요.

골머리는 머릿골을 속되게 이르는 말인데, 머릿골은 사람의 뇌를 말해요. 우리는 어떤 문제를 해결하려면 뇌를 사용해서 생각을 정리하지요. 그래서 도저히 생각이 풀리지 않을 때 '골머리를 썩이다'라는 말을 쓴답니다.

귀가 얇다

남의 말을 쉽게 받아들이다

비슷한 말
- 팔랑귀: 줏대가 없어 다른 사람 이야기에 잘 흔들리는 사람을 비유적으로 이르는 말.
- 예문 우리 할머니는 팔랑귀라 옆집 할머니 말만 듣고 안마 의자를 사 버렸다.

가난한 아버지와 아들이 있었어요. 너무 가난해서 당장 내일 먹을 쌀 한 톨조차 없었지요.

'이제 더는 못 버티겠어. 마지막 재산인 당나귀를 팔아야겠다.'

아버지는 어린 아들을 당나귀에 태우고 시장으로 향했어요. 그런데 사람들이 쑥덕대는 소리가 들렸어요.

"저 버릇없는 놈 좀 보게. 늙은 아비는 걸어가는데 혼자만 당나귀를 타고 가다니!"

듣고 보니 맞는 말이라 이번에는 아버지가 당나귀에 올라탔어요. 그런데 얼마 가다 보니 사람들이 또 수군댔어요.

"저 늙은이 좀 보소. 어린 아들을 걷게 하네."

그래서 이번에는 두 사람 다 걸어서 갔어요.

"참 딱하시네요. 함께 당나귀를 타고 가면 모두 편할 텐데."

아버지와 아들은 냉큼 당나귀에 올라탔어요.

"아니, 저렇게 못된 사람들이 있나! 다 늙은 당나귀가 무슨 힘이 있다고 둘씩이나 타고 가는 거야!"

결국 아버지와 아들은 다시 당나귀에서 내려 걸어갔어요. 이를 지켜본 마을 사람이 고개를 저으며 혀를 찼어요.

"저렇게 귀가 얇아서 무슨 일을 하겠어, 쯧쯧."

남의 말에 수시로 마음이 바뀌는 사람을 보고 흔히 '귀가 얇다'라고 말해요. 종이가 얇으면 작은 바람에도 팔랑팔랑 흔들리듯, 귀가 얇으면 다른 사람들의 말 한마디에도 잘 넘어간다는 뜻으로 사용한답니다.

귀를 기울이다

남의 말에 관심을 두고 주의를 모으다

자, 조용! 여기부터 귀를 기울여야 해!

내일 준비물 안 챙겨 오는 사람은….

삐딱

산이 너! 삐딱하게 뭐야?

귀를 기울이라고 하셔서 귀를 기울이고 있는데요.

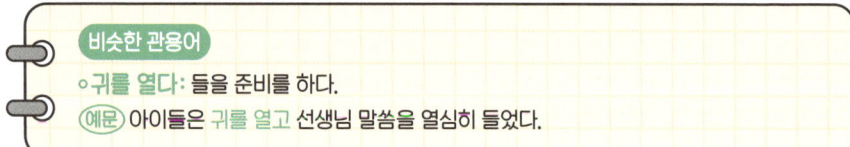

비슷한 관용어
- 귀를 열다: 들을 준비를 하다.
- (예문) 아이들은 귀를 열고 선생님 말씀을 열심히 들었다.

돌쇠는 박 대감 집에서 오래도록 머슴살이를 했어요. 그런데 박 대감이 어찌나 구두쇠인지 언제나 밥을 조금만 줬어요. 돌아서면 배가 고프니 돌쇠는 꾀를 냈어요.

　　돌쇠는 쌀 몇 톨을 주워 지푸라기에 넣고 머슴방 천장에 매달았어요. 그러고는 쌀알을 쳐다보며 호통을 쳤지요.

　　"네 이놈! 어찌하여 여기까지 도망 나왔느냐. 당장 돌아가거라!"

　　마침 머슴방 앞을 지나가던 박 대감이 이게 무슨 소리인가 궁금해서 방문을 열고 돌쇠에게 물었어요.

　　"방금 뭐라고 한 게냐?"

　　"저 천장에 매달린 쌀을 야단치고 있었습니다. 쌀 한 톨이 귀한 마당에 쌀이 여기까지 도망쳐 왔지 뭡니까. 그래서 쌀이 이렇게 도망을 나오면 대감님 밥도 줄어들 테니 얼른 돌아가라고 했습니다."

　　그 말에 박 대감은 크게 부끄러움을 느꼈어요.

　　'평소 내가 머슴들의 배곯는 소리에 귀를 기울였다면 이런 일이 없었을 텐데 부끄럽구나.'

　　그 뒤로 박 대감은 머슴방 앞을 지나갈 때마다 귀를 기울이고 혹시 어려움은 없는지 살폈답니다.

　　대화할 때나 어떤 소리를 잘 들으려고 할 때 우리는 소리가 들리는 쪽으로 몸을 기울이게 돼요. 소리가 나는 방향으로 저절로 귀를 살짝 기울이는 거지요. 이처럼 '귀를 기울이다'라는 말은 남의 이야기나 의견에 관심을 두고 주의 깊게 잘 듣겠다는 마음가짐을 나타내는 말이에요.

귀에 딱지가 앉다

어떤 말을 너무 많이 들어서 지겹다

어느 마을에 호랑이가 자주 밟고 지나가서 '호랑바위'라고 불리는 바위가 있었어요. 그런데 호랑바위 근처에서 태어나면 호랑이에게 물려 일찍 죽는다는 전설이 내려오고 있었지요.

어느 날, 호랑바위 근처에서 한 아기가 태어났어요. 아기가 태어난 뒤로 아기 엄마는 마을 사람들에게 툭하면 이런 말을 들었어요.

"호랑바위 근처에서 태어나면 일찍 죽는다니 항상 조심해야 해."

"호랑바위 근처에서 태어나면 일찍 죽는다니 그 근처에는 얼씬도 하지 말게."

아기 엄마는 집을 나설 때마다 그런 소리를 들어 너무 괴로웠어요. 그래서 시어머니에게 하소연했어요.

"어머니, 이젠 귀에 딱지가 앉을 지경이에요! 자꾸만 들으니 아기에게 정말 무슨 일이 생길까 걱정도 되고요."

그러자 시어머니는 태연하게 대답했어요.

"뭘 그리 걱정하니. 마을 사람들이 모두 우리 손주 다칠까 봐 만날 지켜봐 주면 오히려 좋지 않니? 그렇게 생각하자꾸나."

과연 시어머니 말이 맞았어요. 아기 엄마는 같은 말을 자꾸 들어서 귀에 딱지가 앉을 정도였지만, 아기는 조심스러운 보살핌 속에 다치거나 하지 않고 무럭무럭 잘 자랐답니다.

피부가 헐거나 상처를 입으면 피나 진물 따위가 나다가 딱지가 생겨요. 그런데 왜 '귀에 딱지가 앉다'라는 말이 생겨났을까요?

똑같은 말을 듣고 또 듣는 것은 귀에 상처가 나서 나중에 거기에 딱지가 앉을 만큼 괴롭다는 뜻이에요. 아무리 듣기 좋은 말도 너무 자주 하면 몹시 듣기 싫은 말이 되지요.

낯을 가리다

낯선 사람을 대하기 싫어하다

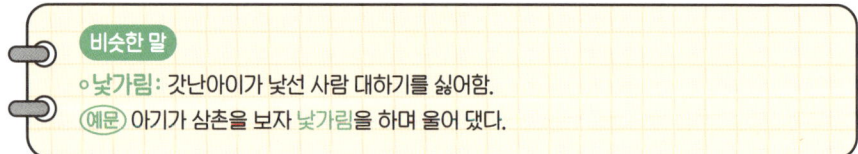

○ **낯가림**: 갓난아이가 낯선 사람 대하기를 싫어함.
(예문) 아기가 삼촌을 보자 낯가림을 하며 울어 댔다.

윤 대감에게는 사위가 둘 있었어요. 그런데 윤 대감은 유독 큰사위를 못마땅해했어요.

"큰사위는 영 마음에 안 들어. 허구한 날 방에만 처박혀 글만 읽잖소. 다 큰 사내가 무슨 낯을 그리 가리는지."

하루는 윤 대감 집에 박 대감이 놀러 왔어요. 박 대감은 인사하러 온 두 사위에게 짓궂은 질문을 던졌어요.

"소나무는 왜 늘 푸르며, 내 머리는 왜 이렇게 벗어졌는가?"

그러자 평소 말하기 좋아하는 작은사위가 뽐내며 말했어요.

"소나무가 푸른 것은 속이 가득 차 있기 때문이요, 어르신께서 머리가 벗어진 것은 연세가 많기 때문입니다."

두 대감은 작은사위의 대답에 흐뭇한 표정을 지었어요. 그때 말도 제대로 못할 것 같았던 큰사위가 조용히 입을 열었어요.

"소나무가 늘 푸른 것이 속이 가득 차 있기 때문이라면, 어찌 속이 빈 대나무가 늘 푸를 수 있겠습니까. 어르신의 머리가 벗어진 것이 연세가 많기 때문이라면, 저 민둥산에 나무가 없는 것이 나이가 많기 때문이겠습니까. 세상사는 하나의 진리로만 말할 수 없으니, 학문의 즐거움이 여기 있습니다."

윤 대감은 큰사위의 대답이 마음에 들어 가만히 미소 지었어요.

'내가 그동안 우리 큰사위를 과소평가했나 보군.'

큰사위처럼 친한 사이가 아니면 사람 만나기를 꺼리는 것을 가리켜 '낯을 가리다'라고 표현해요. 낯은 눈, 코, 입 따위가 있는 얼굴을 가리켜요. 낯을 가린다는 말은 낯선 사람을 대하기 어려워하거나, 편한 사람과 편하지 않은 사람을 다르게 대한다는 뜻이에요.

눈 깜짝할 사이

매우 짧은 순간

비슷한 한자어

- 전광석화(電光石火): 번갯불이 번쩍이는 것처럼 매우 짧은 시간이나 재빠른 움직임을 비유적으로 이르는 말.
- (예문) 그는 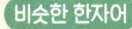처럼 재빠르게 일을 처리했다.

옛날에 신출귀몰한 도둑이 살았어요. 어찌나 잽싼지, 다들 눈 깜짝할 사이에 당하곤 했지요.

도둑은 재물을 몰래 훔치는 것이 점점 시시하게 느껴졌어요. 그래서 배짱 좋게 어느 양반을 찾아가 이렇게 말했어요.

"다음에는 댁의 소를 훔칠 생각인데, 그냥 훔치려니 영 재미가 없어서……. 나랑 내기를 하면 어떻겠소?"

양반이 기가 차다는 표정을 짓자, 도둑은 말을 이었어요.

"오늘 밤 내가 댁의 소를 훔쳐 가면 나한테 소를 선물했다 생각하시오. 대신 내가 잡히면 목숨을 내놓겠소."

"뭐? 이놈이……. 좋다! 우리 집 소를 훔쳐가 보아라."

양반은 도둑 잡을 준비를 하고 하인들에게 단단히 일렀어요.

"절대로 한눈팔아서는 안 된다. 구석구석 잘 지켜봐라!"

양반의 명령대로 하인들은 눈을 부릅뜨고 주변을 살폈어요.

잠시 뒤, 하인 한 명이 소리쳤어요.

"저기 있습니다! 도둑놈이 저기 감나무 위에 올라가 있습니다!"

양반이 올려다보니 도둑이 흰옷을 입고 감나무에 걸터앉아 내려다보고 있지 뭐예요. 그런데 이상했어요. 흰옷이 전혀 움직이지를 않는 거예요. 알고 보니 도둑은 나무에 흰옷을 걸쳐 두고 그새 소를 훔쳐 달아난 뒤였지요.

"눈 깜짝할 사이에 훔쳐 내다니 당할 재간이 없구나."

양반은 도둑의 배짱에 그만 허허 웃고 말았답니다.

눈을 한 번 감았다 뜨는 시간은 매우 짧은 순식간이에요. 그래서 아주 짧은 순간을 '눈 깜짝할 사이'라고 표현해요.

눈독을 들이다

욕심을 내어 눈여겨보다

비슷한 관용어
- 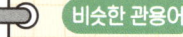 **군침을 흘리다**: 음식 따위를 보고 먹고 싶어서 입맛을 다시거나, 이익이나 재물을 몹시 탐내다.
- (예문) 호동이는 식탁 위에 있는 치킨을 보고 군침을 흘렸다.

어느 마을에 가난한 부부가 살았어요. 명절이 다가오는데 먹을 것이 없자, 남편은 답답한 마음에 밖으로 나갔어요.

그런데 갑자기 마른하늘에 우르르 쾅쾅 날벼락이 쳤어요. 남편은 깜짝 놀라 큰 바위 쪽으로 얼른 달려갔어요. 그때 발에 뭐가 걸려서 봤더니 투박한 뚝배기 하나가 놓여 있었어요.

남편은 그 뚝배기를 들고 집으로 왔어요. 뚝배기는 놀라운 물건이었어요. 마지막 남은 쌀 몇 톨을 담았더니 뚝배기 가득 쌀이 차고, 엽전 한 닢을 넣었더니 엽전이 가득 찼지요.

이제 부부는 밥걱정을 하지 않았어요. 마음껏 쌀을 퍼 담아 밥을 지을 수 있었지요.

그러다가 하루는 옆집 사람이 이 광경을 보게 되었어요.

'저 뚝배기는 정말 보물이구나. 탐나는걸!'

옆집 사람은 신기한 뚝배기가 탐이 나 계속 눈독을 들였어요. 툭 하면 놀러 가 뚝배기를 훔칠 틈만 노렸지요.

어느 날, 때마침 부부가 잠깐 낮잠을 자는 사이에 옆집 사람이 뚝배기를 몰래 가져갔어요. 그런데 뚝배기에 콩 한 알을 넣어도 그대로 콩 한 알만 있을 뿐이었어요. 무엇을 넣어도 마찬가지였죠.

'내가 너무 눈독을 들여 효력이 사라졌나?'

옆집 사람은 뒤늦게 후회했지만 아무 소용이 없었어요.

<u>진열대에 놓인 멋진 상품을 갖고 싶으면 눈으로 자꾸만 그걸 보게 되지요. 그런 모습을 '눈독을 들이다'라고 말해요. '눈독'은 눈의 독기라는 뜻이에요. 갖고 싶다는 강한 욕망 때문에 눈에 사나운 기운이 서린다는 의미이지요.</u>

눈이 맞다

두 사람의 마음이나 눈치가 서로 통하다

비슷한 관용어

- **눈에 들다**: 무엇이 사람의 마음에 들다.
  (예문) 눈에 드는 옷이 없으니 다른 가게로 가 보자.

옛날, 한 선비가 꿩 사냥을 나섰어요. 그런데 열심히 쫓던 꿩이 작은 초가집으로 들어갔어요. 선비는 그 초가집으로 들어가 물었어요.

"제가 사냥하던 꿩이 이리로 들어왔는데 못 보셨습니까?"

마당에서는 어머니와 딸이 삼베를 짜고 있었어요.

"못 보았습니다."

선비는 고개를 갸웃하며 그 집을 나왔어요.

'분명히 이 집으로 들어갔는데……'

선비는 꿩이 다시 나올 거라 믿고 가까운 곳에 숨어 기다렸어요. 그러나 아무리 기다려도 꿩은 나오지 않았어요. 이상하게 여긴 선비는 초가집 담장을 몰래 들여다보았어요.

그런데 그때, 그 집 딸이 치마폭에 숨겨 둔 꿩을 꺼내 다친 곳은 없는지 살펴보고는 담장 너머로 날려 보내는 게 아니겠어요?

그 순간 선비와 딸의 눈이 딱 마주쳤어요. 딸은 당황한 표정이었지요. 선비는 꿩의 생명도 소중히 여기는 마음씨에 반하고 말았답니다.

'심성이 저렇게 고운 사람이라면 부인감으로 최고다.'

선비는 딸에게 청혼했고, 곧 결혼식을 올리게 되었어요. 딸 역시 꿩을 숨겼다고 화내지 않고 자신을 어여쁘게 봐 준 선비의 인품이 훌륭하다 여겼거든요.

<u>흔히 눈을 보면 그 사람의 마음을 알 수 있다고 해요. 그래서 좋은 감정을 품으면 서로의 눈을 자주 들여다보게 되는데, 남녀의 마음이 통해 서로 좋아하게 되거나 어떤 사람과 마음이 잘 통하는 것을 '눈이 맞다'라고 표현해요.</u>

면목이 없다

부끄러워 남을 대할 용기가 없다

> **비슷한 관용어**
> ○ 얼굴을 들지 못하다: 창피하거나 부끄러워 남을 떳떳하게 대하지 못하다.
> (예문) 그 아이는 시험에서 부정행위를 들키자 얼굴을 들지 못했다.

중국의 위대한 장수로 잘 알려진 항우 이야기예요.

진나라가 무너진 뒤, 유방과 항우는 각각 한나라와 초나라를 세우고는 중국을 통일하기 위해 맞붙었어요.

싸움은 항우에게 불리했어요. 한나라는 초나라보다 군사가 많은데다 뛰어난 장수가 많았거든요. 그러나 항우는 포기하지 않았어요. 죽음을 각오하고 적진에 뛰어들어 수백 명을 쓰러뜨렸지요. 하지만 끝도 없이 밀려오는 한나라 군대를 대적하기는 힘들었어요.

항우는 남은 군사 20여 명과 함께 도망쳐 오강에 닿았어요. 그곳에서는 항우의 부하가 배 한 척을 마련해 기다리고 있었어요.

"얼른 이 배를 타고 강동으로 건너가십시오. 그 땅은 백성이 수십만 명에 이르니 그곳에서 다시 나라를 세우십시오."

그렇지만 항우는 그 배에 오를 수가 없었어요.

"하늘이 나를 버렸는데 강을 건너가 무엇 하겠소. 큰 꿈을 안고 수천 명의 군사를 이끌었는데 지금 그 군사들은 어디에 있소. 그러니 내가 무슨 면목으로 강동의 백성을 대하겠는가."

항우는 도저히 자신을 기다리는 백성을 볼 면목이 없다며 스스로 목숨을 끊고 말았어요.

이 이야기가 전해진 뒤로 얼굴을 제대로 들 수 없을 만큼 부끄럽거나 체면이 서지 않을 때 '면목이 없다'라는 말을 쓰게 되었어요. '면목'은 얼굴 면(面), 눈 목(目) 두 한자로 이루어진 단어예요. 기본적으로 얼굴 생김새를 뜻하기도 하지만, 남을 대할 만한 체면이나 염치라는 뜻으로 더 많이 사용한답니다.

얼굴이 두껍다

부끄러움을 모르고 염치가 없다

비슷한 관용어

○ 얼굴에 철판을 깔다: 염치나 체면도 없이 몹시 뻔뻔스럽다.
예문 급식을 세 번이나 몰래 받아먹다니 얼굴에 철판을 깔았나 봐.

송 씨는 평생 일하지 않고 빈둥거리며 놀기만 하는 사람이었어요. 넉살이 어찌나 좋은지, 잔치가 열리는 집이나 맛있는 음식 냄새가 나는 집이 있으면 냉큼 찾아가서 밥을 얻어먹곤 했어요.

"저 사람은 낯짝이 보통 사람 몇 배로 두꺼울 거예요. 얼굴색 하나 안 변하고 만날 밥을 얻어먹는다니까."

사람들이 이렇게 수군거려도 송 씨는 들은 척도 하지 않았어요.

하루는 송 씨가 길을 가다가 이웃 마을 최 씨가 강에서 고기 잡는 모습을 우연히 보게 되었어요. 어마어마하게 큰 물고기였지요.

'와, 고놈 참 맛있겠다! 오늘 저녁은 저 집에 가서 얻어먹어야겠군.'

그날 저녁, 송 씨는 최 씨 집을 찾아갔어요.

"심심해서 한번 들렀네."

최 씨는 송 씨가 찾아와 못마땅했지만 하는 수 없이 저녁상을 차려 냈어요. 그런데 생선 요리가 나오지 않자 송 씨가 대뜸 물었어요.

"낮에 큰 물고기를 잡는 걸 봤는데 생선 요리는 없나?"

송 씨의 뻔뻔한 말에 최 씨는 언짢은 기색으로 대꾸했어요.

"내일이 아버님 제사인데 꿈에 물고기를 잡숫고 싶다고 해서 오늘 큰 놈으로 잡아 왔지. 그런데 꿈에서 그러시더군. 이웃 마을에 일하지 않고 놀고먹는 놈하고는 절대 나눠 먹지 말라고 말이야."

얼굴 두껍기로 소문난 송 씨도 그제야 낯을 조금 붉혔답니다.

보통은 부끄러운 일을 하면 얼굴이 붉어지거나 표정에 미안한 기색이 드러나요. 그런데 송 씨처럼 아주 뻔뻔한 사람은 얼굴색이 변하지 않고 태연하지요. 이처럼 부끄러운 줄도 모르고 얼굴색조차 변하지 않는 뻔뻔한 사람을 보고 흔히 '얼굴이 두껍다'라고 말해요.

이를 갈다

몹시 화가 나서 독한 마음을 먹고 벼르다

> **비슷한 관용어**
> ○ 이를 악물다: 힘든 상황을 참고 견디다.
> (예문) 희동이는 이를 악물고 결승선까지 열심히 뛰었다.

옛날에 연박이라는 사람이 있었는데 글을 몰랐어요. 어려서부터 아버지에게 부채를 수선하는 일만 배웠지 글은 배우지 못했거든요.

아버지가 돌아가신 뒤에 연박은 아버지 일을 물려받았어요. 평생을 너덜너덜해진 부채를 고치며 먹고살았지요.

하루는 싸릿골 양반이 아끼는 부채를 들고 와 수선을 맡겼어요. 펼쳐 보니 아름다운 글귀가 쓰인 부채였어요.

"정말 멋진 부채로군요."

"글도 모르면서 뭘 안다고……. 아무튼 잘 고쳐 주게."

양반이 비꼬는 말에 연박은 매우 화가 났어요.

'글을 모르니 이렇게 무시당하고 사는구나.'

연박은 그때부터 이를 갈며 공부를 시작했어요. 어린아이들이 읽는 『천자문』을 구해 글을 깨치고, 그다음에는 『소학』을 익혔지요. 드디어 사서삼경까지 읽게 되자 그의 이름이 널리 알려졌어요.

"부채를 고치던 연박이라는 사람의 학식이 그렇게 뛰어나답니다."

연박은 묵묵히 부채를 수선하면서 공부를 게을리하지 않았어요. 배우지 못한 서러움과 양반의 무시에 이를 갈았지만, 그 분노가 결국은 연박의 삶을 바꿔 놓았지요.

사람은 화가 나거나 기분 나쁜 일이 생기면, 주먹을 불끈 쥐거나 어깨 근육에 힘이 들어가고 이를 악물게 돼요. '이를 갈다'라는 말은 이렇게 사람이 몹시 화가 나거나 분을 참지 못해 독한 마음을 먹고 벼르는 것을 나타내는 말이에요.

입에 침이 마르다

다른 사람이나 물건에 대해 거듭해서 말하다

비슷한 관용어
- **입이 닳다**: 다른 사람이나 물건에 관해 거듭해서 말하다.
  (예문) 할머니는 입이 닳도록 손녀를 칭찬했다.

조선 시대에 판향 선생이라 불리는 선비가 살았어요. 판향 선생은 벼슬자리에 관심을 두지 않고 학문을 익히는 데만 마음을 쏟았어요.

"학문은 다 배우지 못할까 두려운 마음으로 익혀야 하며……."

판향 선생은 밤에는 불을 밝힐 밑천이 없어 어둠 속에서 경전을 외우다가 날이 새는 날도 허다했어요.

판향 선생은 평생에 걸쳐 『경설존고』라는 책을 썼어요. 그런데 참 신기했어요. 조선의 관리들이 중국에 사신으로 가면 중국의 관리들이 판향 선생 이야기를 하는 거예요.

"판향 선생은 잘 계십니까? 그분 책을 읽고 크게 감동했습니다."

"판향 선생께서 쓴 책이 정말 좋더군요. 조선에 가면 꼭 만나 뵙고 싶습니다."

조선의 관리들은 놀라움을 감출 수가 없었어요.

"중국 학자들이 판향 선생을 입에 침이 마르도록 칭찬하더군요."

"판향 선생 판향 선생 어찌나 노래를 부르던지, 정말 입에 침이 마르는 게 보일 정도였습니다. 하하."

판향 선생은 중국에까지 알려졌지만, 평생 집 밖을 나선 적이 별로 없었어요. 자기 이름이 다른 나라에 이렇게 알려진 것도 몰랐지요.

사람은 어떤 것이 매우 좋거나 중요한 정보를 알게 되면 누구한테 자꾸 말하고 싶어져요. 그런데 말을 너무 많이 하면 입 안이 까칠해지고 침이 마르지요. 그래서 이렇게 어떤 것을 자꾸만 말하게 되는 모습을 가리켜 '입에 침이 마르다'라고 한답니다.

입을 맞추다

서로의 말이 일치하게 의견을 조정해 놓다

비슷한 관용어

- 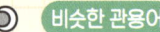: 제삼자에게 같은 말을 하기 위해 다른 사람과 말의 내용이 다르지 않게 하다.
- (예문) 수업을 땡땡이친 두 사람은 들키지 않기 위해 서로 말을 맞췄다.

어느 마을에 효심이 깊은 형제가 살았어요. 홀어머니 밑에서 자란 두 아들은 어머니를 지극정성으로 모셨어요.

그런데 요즘 어머니의 건강이 예전 같지 않아 형제는 걱정이 컸어요. 젊어서 고생을 많이 한 데다, 좋은 음식은 늘 자식들 먹이느라 자신의 몸을 돌보지 않은 탓이었지요.

어느 날, 형제는 맛있는 음식을 어머니 혼자 다 드시게 하려고 입을 맞추기로 했어요.

"내가 고기를 사 올 테니 너는 잔칫집에서 잔뜩 먹고 왔다고 해."

"그래, 형. 형은 낮에 먹은 음식이 체해서 밥 생각이 없다고 해."

형은 고기를 사다가 정성껏 구워 저녁상에 올렸어요. 어머니는 예상대로 자신은 먹지 않고 아들들 밥 위에 고기를 얹어 주었어요. 그러면서 이렇게 말했어요.

"난 점심때 잔칫집에 가서 실컷 먹고 왔단다."

어머니는 또 이렇게 말을 이었어요.

"그때 먹은 고기가 탈이 났는지 영 밥맛이 없구나."

형제는 말없이 서로 쳐다보았어요. 기껏 말을 맞춰 놓았는데 어머니가 먼저 그렇게 말해 버리니 난감했지요. 형제는 어머니에게 자기들끼리 입을 맞춘 이야기를 솔직히 털어놓았어요. 어머니는 아들들의 마음을 더는 못 본 척할 수가 없어 그제야 고기를 먹었답니다.

이처럼 둘 이상의 여러 사람이 의견을 일치하게 만드는 것을 흔히 '입을 맞추다'라고 표현해요. '입을 맞추다'라고 하면 뽀뽀처럼 실제로 입을 맞추는 일로 생각하기 쉽지만, 서로의 말이 일치하도록 미리 준비한다는 뜻이랍니다.

콧대가 높다

상대를 우습게 여기거나 뽐내는 태도가 있다

비슷한 관용어

- 눈이 높다: 정도 이상의 좋은 것만 찾는 버릇이 있다. 또는 안목이 높다.
-  지원이는 눈이 높아서 뭐든 쉽게 만족하지 않는다.

황진이는 조선 최고라고 소문난 기생이었어요. 빼어난 미인인 데다 시를 잘 짓고 노래와 춤 실력이 뛰어나 모르는 사람이 없었어요.

선비 벽계수도 황진이의 소문을 들었어요.

"황진이를 보면 금세 반하고 만다더군. 하지만 워낙 콧대가 높아 웬만한 양반은 거들떠보지도 않는다는데, 만나 보고 싶지 않나?"

벽계수는 친구의 말에 피식 웃으며 말했어요.

"관심 없네. 난 흔들리지 않을 자신이 있어."

이 말이 황진이 귀에까지 들어갔어요.

'양반님의 높은 콧대를 어디 한번 꺾어 볼까?'

황진이는 마침 벽계수가 개성 송악산에 온다는 소문을 듣고, 미리 그곳에 가서 벽계수를 기다렸어요. 벽계수가 나귀를 타고 와 송악산 경치를 보며 감탄할 때, 어디서 황진이가 나타나 노래를 불렀어요.

"청산리 벽계수야, 쉽게 흘러감을 자랑 마라. 바다에 닿으면 다시 돌아오기 어려우니, 달빛 가득할 때 쉬어 가면 어떻겠느냐."

황진이의 얼굴과 노래는 정말 아름다웠어요. 벽계수는 넋을 잃고 황진이를 바라보다가 그만 나귀 위에서 중심을 잃고 쿵 떨어졌지요.

황진이는 속으로 웃으며 생각했답니다.

'양반의 콧대가 아무리 높은들 송악산보다 높을까.'

'코'는 얼굴 한가운데에 있으면서 가장 높이 솟은 부분이라 자존심이나 자부심을 드러내는 표현을 쓸 때 코에 비유하는 경우가 많아요. 그래서 상대를 우습게 여기거나 뽐내는 태도를 가리켜 '콧대가 높다'라고 한답니다.

콧방귀를 뀌다

아니꼽거나 못마땅해서 남의 말을 들은 체 만 체하다

비슷한 관용어
- **코웃음 치다**: 남을 깔보고 비웃다.
-  그 선수는 나이가 어린 상대편을 보고 속으로 코웃음을 쳤다.

어느 마을에 기가 센 하인이 살았어요. 하인은 주인 말에 고분고분하지 않고 언제나 할 말은 다 하는 성미였어요.

'저 고얀 녀석. 늘 꼬박꼬박 말대꾸한단 말이야. 얄미워서 당장 내쫓고 싶지만 일을 잘하니 그럴 수도 없고……'

주인은 하인을 골탕 먹일 생각에 내기를 하자고 말했어요.

"심심한데 우리 장기 내기나 하자꾸나. 장기에 이긴 사람이 진 사람 코를 때리는 거다. 어떠냐?"

주인은 장기쯤은 거뜬히 이길 자신이 있었지요.

예상대로 크게 이긴 주인이 하인의 코를 때리려 하자, 갑자기 하인이 마룻바닥에 코를 팽 풀더니 콧물을 가리키며 말했어요.

"자, 이걸 때리십시오. 바닥에 떨어진 이게 코입니다. 얼굴에 있는 이건 코집이에요. 코의 집!"

주인이 어이없어하자, 하인은 뻔뻔한 얼굴로 "흥!" 콧김을 내뿜었어요. 주인은 화가 나서 버럭 소리를 질렀어요.

"이놈이 버릇없이!"

"버릇없다니요. 이건 코의 집이 방귀를 뀐 겁니다. 갑자기 나오는 방귀를 어떻게 참아요?"

"아니, 뭐라고?"

그 순간, 주인이 뿡 하고 방귀를 뀌었어요. 머쓱해진 주인은 그냥 허허 웃고 말았답니다.

상대가 몹시 아니꼽거나 못마땅할 때 나도 모르게 "흥!" 하고 콧소리를 낼 때가 있어요. 이것을 '콧방귀'라고 하는데, 보통 다른 사람의 말이 못마땅해서 무시할 때 '콧방귀를 뀌다'라고 해요.

혀를 차다

마음이 언짢거나 마음에 차지 않아 불만족스럽다

비슷한 관용어

- **혀끝을 차다**: 마음이 언짢거나 불만스러운 뜻을 나타내다.
- **예문** 욕심을 부리다 망해 버린 놀부를 보며 사람들은 혀끝을 찼다.

옛날 어느 마을에 관가에서 일하는 김 씨가 살았어요. 김 씨에게는 아들 하나가 있었는데, 김 씨는 아들이 과거에 급제해서 좋은 벼슬을 얻는 게 소원이었어요. 그렇지만 아들은 공부에 전혀 관심이 없었어요.

더 기가 막힌 일은 아들보다 하인 돌몽이가 글공부에 더 관심이 많다는 사실이었어요. 김 씨 아들이 글을 읽다가 졸면, 돌몽이가 마당을 쓸면서 문장의 뒤를 달달 외울 정도였지요.

그럴 때마다 김 씨는 혼잣말을 했어요.

"아들 녀석이 돌몽이 반만큼이라도 공부를 하면 좋을 텐데……."

대낮부터 코를 골며 자는 아들을 보면 김 씨는 한숨이 절로 나왔어요. 그래서 아들만 보면 늘 혀를 차곤 했지요.

"쯧쯧, 한심한 녀석."

"쯧쯧, 돌몽이보다 못한 놈."

아들은 아버지가 혀를 차는 소리가 너무 듣기 싫었어요. 그리고 비교 대상인 돌몽이가 미운 나머지 결국 아버지 몰래 돌몽이를 내쫓아 버렸답니다.

'내가 자식을 잘못 키웠구나. 애꿎은 돌몽이만 쫓겨났군.'

김 씨는 한숨을 폭 내쉬었어요.

<u>혀를 찬다는 것은 혀끝으로 입천장을 차는 것을 말해요. 혀끝을 입천장에 빠르게 대었다가 떼면 끌끌, 쯧쯧, 이런 소리가 나지요.</u>

'<u>혀를 차다</u>'는 바로 여기에서 나온 말이에요. 뭐가 안타깝거나 마음에 들지 않을 때, 못마땅한 마음이 들 때 이 말을 쓴답니다.

2장 신체에 빗댄 관용어

가슴에 새기다

잊지 않게 단단히 마음에 기억하다

- 비슷한 관용어
  - 뼈에 새기다: '가슴에 새기다'를 강조하여 이르는 말.
  - 예문 아들은 착하게 살라는 어머니의 유언을 뼈에 새겼다.

어느 화창한 봄날, 황희 정승은 선비들과 함께 길을 가고 있었어요. 그런데 길가에 있는 버드나무를 보더니 갑자기 걸음을 뚝 멈추고 나무 앞으로 성큼성큼 다가갔어요.

선비들은 의아해하며 지켜보았어요. 곧 희한한 광경이 펼쳐졌어요. 황희 정승이 버드나무에 대고 공손히 큰절을 올리는 게 아니겠어요?

그 모습을 본 선비들은 어안이 벙벙한 표정으로 수군거렸어요.

"아니, 정승께서 왜 버드나무에 절을 하시지?"

잠시 뒤, 황희 정승이 벅찬 표정으로 말했어요.

"이 버드나무는 보통 나무가 아니라네. 부모님께서는 내가 어린 시절 게을러질 때마다 이 버드나무를 꺾어 야단을 치셨지. 그리고 이렇게 말씀하셨다네. 큰일을 하려면 절대로 글공부를 게을리해서는 안 된다. 잔소리로 듣지 말고 가슴에 새겨라……."

황희 정승의 말에 선비들을 모두 고개를 끄덕였어요.

'지금의 정승 어른을 만든 건 바로 이 버드나무인 셈이네. 앞으로 나도 이 버드나무를 보며 그 말씀을 떠올려야겠다.'

황희 정승 부모님의 말씀은 황희 정승 가슴에 새겨지고, 또 다른 선비들의 가슴에도 새겨졌답니다.

'새기다'는 글씨나 형상을 파는 것을 말해요. 그렇게 새겨 놓으면 글씨나 그림을 오래 기억할 수 있지요. 가슴은 주로 사람의 마음을 표현하는 신체 기관이에요. 따라서 "가슴에 새긴다."라는 말은 살아 있는 동안 잊지 않고 마음속 깊이 기억하고 간직하겠다는 뜻이에요. 절대 잊지 않겠다는 마음과 의지를 나타내는 말이지요.

간이 크다

겁이 없고 매우 대담하다

> **반대되는 관용어**
> ◦ **간이 작다**: 겁이 많고 매우 소심하다.
> (예문) 용명이는 간이 작아서 롤러코스터를 못 탈 거야.

어른들이 아이들에게 단단히 일렀어요.

"올봄에는 나물 캘 생각일랑 하지 마라. 작년 겨울에 뒷산에서 호랑이를 봤다는 사람이 한둘이 아니야."

이 말에 마을 아이들은 모두 겁을 내며 산을 오르지 않았지만 순영이는 달랐어요. 태연히 혼자 나물을 캐러 산으로 갔지요.

잠시 후, 어디서 바스락대는 소리가 들렸어요. 고개를 들어 보니 순영이 앞에 새끼 호랑이가 서 있었어요. 순영이는 새끼 호랑이가 마냥 귀여워서 한번 만져 보려고 손을 뻗었어요. 그 순간, 새끼 호랑이가 와락 달려들었어요. 순영이는 목이 눌려 그만 기절하고 말았지요.

얼마나 시간이 흘렀을까요. 사람 말소리가 희미하게 들렸어요. 눈을 떠 보니 마을 의원 집이었어요. 마침 나무하러 온 마을 아저씨가 순영이를 발견해 의원에게 데려온 거예요.

"호랑이가 나올지 모른다고 그렇게 말했건만, 간도 참 크다."

순영이 부모님 말에 의원도 한마디 거들었어요.

"순영이 간이 진짜 크긴 클 겁니다. 맥을 짚어 보니 간에 열이 많은 체질이에요. 간이 커서 여장부가 될 테니 걱정하지 마시오."

의원의 말에 모두 웃음을 터뜨렸답니다.

겁도 없이 대담하게 행동하는 사람에게 흔히 "간이 크다."라고 말해요. 이 말은 우리나라 전통 한의학에서 나왔어요. 실제로 간에 열이 많으면 간이 커지고 대담해진대요. 반대로 간이 차가우면 간이 오그라들어 작은 일에도 겁을 내고요. 그래서 겁이 없고 용감할 때는 '간이 크다', 겁이 많을 때는 '간이 작다'고 말하는 거랍니다.

다리 뻗고 자다

마음 놓고 편히 자다

비슷한 관용어
- **마음을 놓다**: 마음을 편안하게 하다.
  (예문) 네가 우리 고양이를 돌봐 주니 마음 놓고 여행을 갈 수 있겠어.

옛날에는 집집마다 불씨를 소중히 여겼어요. 아궁이 깊숙이 불씨를 남겨 두어야 이튿날 아침에 또 불씨를 활활 일으켜 밥도 짓고 했지요. 밤새 불씨가 꺼지기라도 하면 큰일이었어요. 그러면 이웃에서 불씨를 얻어 와야 했는데, 아침에는 불씨를 잘 빌려주지 않았거든요.

박 영감 집 며느리도 시집와서 제일 먼저 맡은 일이 불씨를 지키는 거였어요.

"이제 우리 집 불씨는 네가 맡아서 잘 지켜라. 지금까지 대를 내려오며 한 번도 꺼뜨린 적이 없는 불씨란다."

그런데 얼마 안 되어 큰일이 나고 말았어요. 간밤에 불씨가 꺼지고 만 거예요. 며느리는 울면서 옆집에서 불씨를 빌려 왔어요.

'이번에는 절대 불씨를 꺼뜨리면 안 돼.'

하지만 그 뒤로도 몇 번이나 불씨가 꺼지고 말았어요. 아무래도 누가 일부러 그런 것 같았어요. 근심이 깊어진 며느리는 범인을 잡겠다고 밤새 아궁이 앞에 쪼그리고 앉아 있었어요.

며칠 잠을 설친 끝에 며느리는 드디어 범인을 잡았어요. 범인은 어린 막내 시동생이었어요. 막내 시동생이 잠결에 아궁이 불씨 위에 오줌을 찍 누고 가는 게 아니겠어요?

그제야 며느리는 두 다리를 쭉 펴고 마음 편히 잤답니다.

<u>사람은 마음이 불안하거나 위험에 빠지면 무의식적으로 몸을 웅크려요. 그러다 근심이 사라지고 마음이 편해지면 저절로 웅크렸던 몸을 풀고 구부렸던 다리를 펴게 되지요. 그래서 '다리를 뻗고 자다'라는 말은 걱정과 시름을 잊고 마음 편히 잔다는 뜻이에요. 마음이 아주 편안한 상태를 가리키지요.</u>

뒤통수를 맞다

배신이나 배반을 당하다

> **반대되는 관용어**
> ○ **뒤통수를 때리다**: 누구를 배신하거나 공격하다.
> (예문) 그는 나와의 약속을 어기고 **뒤통수를 때렸다**.

옛날 중국 오나라 왕 부차의 이야기예요. 부차는 월나라와 치른 전쟁에서 이긴 뒤 자만에 빠져 술 마시고 노는 데만 정신이 팔렸죠.

"전하, 이럴 때일수록 정신을 차리셔야 합니다. 월나라가 다시 힘을 길러 우리를 공격할지 누가 알겠습니까."

신하들이 간곡히 설득했지만 부차는 콧방귀만 뀌었어요.

그러던 어느 날, 부차의 아들이 온몸이 젖은 채 나타났어요.

부차가 그 꼴이 뭐냐고 묻자 아들은 이렇게 대답했어요.

"아바마마, 뒤통수를 항상 조심해야겠습니다. 어디서 갑자기 뒤통수를 맞을지 모르니까요."

"그게 무슨 소리냐?"

"정원 나뭇가지에 매미가 앉아서 울고 있었습니다. 그런데 매미 뒤에서 사마귀가 매미를 노리고 있더군요. 그 사마귀 뒤에는 참새가 사마귀를 노리고 있었습니다. 저는 활시위를 당겨 참새를 잡으려 했는데, 제 뒤에 웅덩이가 있는 줄은 미처 몰랐지 뭡니까."

적이 언제 뒤통수를 칠지 모르니 조심하라는 뜻이었지요. 그러나 부차는 화만 버럭 냈어요.

"시끄럽다! 네 처소로 돌아가 옷이나 갈아입거라!"

훗날 오나라는 월나라의 침입을 받아 끝내 멸망하고 말았답니다.

뒤통수는 사람 머리의 뒷부분을 일컫는 말이에요. 뒤에는 눈이 없으니 누가 몰래 뒤에서 치면 피할 방법이 없지요. 그래서 뒤통수를 맞는다는 건 예상하지 못한 공격을 받는 것을 뜻해요. 쉽게 말하면 배신을 당한다는 의미이지요. 반대로 내가 누구를 배신하거나 갑자기 공격할 때는 '뒤통수 때리다'라고 표현해요.

머리를 맞대다

어떤 일을 의논하기 위해 마주 대하다

> **비슷한 관용어**
> ◦ **머리를 모으다**: 중요한 이야기를 하기 위해 서로 가깝게 모이다. 또는 여러 사람의 의견을 종합하다.
>  지원이와 지수는 머리를 모아 부모님의 결혼기념일 선물을 마련했다.

남편을 일찍 여읜 임씨 부인에게는 아들이 둘 있었어요. 두 아들을 잘 키우고 싶었지만, 바느질로 겨우 먹고살 만큼 가난했지요.

그러던 어느 날이었어요. 비가 그치고 처마 끝에서 빗물이 뚝뚝 떨어졌는데, 통통 하며 맑은 소리가 계속 들렸어요.

나가 보니 마당이 파인 곳에 웬 항아리 뚜껑이 보였어요. 부인이 얼른 땅을 파 보았더니 커다란 항아리가 묻혀 있었는데, 안에는 금덩이가 가득 들어 있지 뭐예요.

부인은 놀란 가슴을 진정하고 고향 집을 찾아갔어요. 어머니와 머리를 맞대고 이 일을 의논할 때 마침 집에 온 남동생이 물었지요.

"둘이서 무얼 그리 상의하고 있소?"

부인은 하는 수 없이 남동생에게도 사실을 알렸어요. 세 사람은 머리를 맞대고 고민한 끝에 결론을 냈어요.

"땀 흘리지 않고 거저 얻은 재물은 재앙이다. 사람이 궁핍한 것을 모르면 절박함이 없어져. 그 금덩이는 아들들에게 독이 될 거야."

부인은 집으로 돌아와 항아리를 다시 땅에 묻고, 욕심이 생길까 봐 다른 곳으로 이사했어요. 아무 일 없었던 것처럼 임씨 부인은 바느질로 생계를 꾸려 가며 아들들을 키웠어요.

두 아들은 가난한 형편에서도 훌륭하게 자라 과거에 급제했고, 임씨 부인과 함께 오래오래 행복하게 살았답니다.

머리는 사람의 생각이나 지혜 따위를 상징해요. 혼자 생각하는 것보다 여러 사람이 함께 생각하면 더 다양하고 깊이 있는 생각이 나올 수 있어요. '머리를 맞대다'라는 말은 실제로 머리를 맞대는 것이 아니라, 여러 사람이 함께 지혜를 모아 의논한다는 뜻이에요.

머리 꼭대기에 앉다

상대방의 생각이나 행동을 꿰뚫다

비슷한 관용어

- **부처님 손바닥:** 벗어날 수 없고 헤아릴 수 없는 더 높은 차원의 범위나 굴레를 이르는 말.
- 예문 뛰어 봤자 부처님 손바닥 안이듯, 우리는 모두 엄마 손바닥 안에 있다.

어느 마을 대감집에 돌석이라는 꾀 많은 머슴이 살았어요. 돌석은 대감을 오래 모시고 살아서 대감이 무슨 생각을 하는지 훤히 다 꿰고 있었어요. 눈빛만 봐도 대감이 무얼 원하는지 알아챘지요.

하루는 돌석이 대감을 모시고 먼 길을 가게 되었어요.

'구름을 보니 오늘은 아주 덥겠어. 부채를 챙기자.'

돌석의 예상대로 잠시 쉬어 갈 때 대감은 부채를 찾았어요.

"큰 합죽선으로 잘 챙겨 왔구나."

대감의 말에 돌석은 속으로 생각했어요.

'아무렴요. 제가 나리 머리 꼭대기에 앉아 있는걸요.'

점심때가 되자 대감은 돌석에게 돈을 한 푼만 주며 말했어요.

"더워서 못 걷겠으니 주막에 가서 냉면 한 그릇만 사 오너라."

돌석은 대감이 냉면을 혼자 다 먹을 걸 알고 꾀를 냈지요. 돌석은 냉면을 사서 대감에게 건네며 킁킁 냄새 맡는 시늉을 했어요.

"왜 그러느냐?"

"오면서 땀을 많이 흘렸는데 냉면에 제 땀이 들어갔을까 봐요."

이 말에 비위가 상한 대감은 더러워서 못 먹겠다며 냉면을 돌석에게 건넸어요. 그리하여 돌석은 시원한 냉면을 혼자 먹게 되었어요. 대감의 머리 꼭대기에 앉아 있던 덕분이었지요.

<u>우리 신체 가운데 머리는 생각이나 지혜에 비유될 때가 많아요. 그런데 머리 중에서도 머리 꼭대기에 앉아 있으니 모든 생각을 다 파악하고 있다는 뜻이 되겠지요. 따라서 '머리 꼭대기에 앉다'라는 말은 상대방의 머릿속 계산을 다 꿰뚫고 있어서 상대방이 어떻게 행동할지 다 안다는 뜻이에요.</u>

몸을 사리다

어떤 일에 적극 나서지 않고 살살 피하며 몸을 아끼다

> **반대되는 관용어**
> **몸을 던지다:** 온갖 정열을 다하여 어떤 일에 열중하다.
> (예문) 과학자였던 할아버지는 평생을 환경 운동에 몸을 던졌다.

한 할아버지가 장을 보고 집으로 돌아가는 길이었어요. 그날따라 짐이 무거워 도중에 잠깐 쉬다가 깜박 잠이 들었어요. 그런데 그사이 어디서 불씨가 날아와 할아버지 주변으로 순식간에 불이 번졌어요.

"이를 어째! 할아버지 몸에 불이 붙었어!"

지나가던 사람들은 발만 동동 구르던 그때, 할아버지네 강아지 백구가 달려왔어요.

백구는 재빨리 근처 웅덩이로 뛰어들어 자기 몸에 물을 묻힌 뒤 할아버지에게 달려가 불을 껐어요. 그렇게 웅덩이와 할아버지 사이를 오가며 불을 끄기를 여러 번 거듭했지요. 마침내 백구는 할아버지를 구했지만 자신은 새까맣게 타서 목숨을 잃고 말았어요.

할아버지는 나중에 이 사실을 알고 백구를 끌어안고 울었어요.

"면목 없습니다. 저희는 불길 근처에도 가지 못했는데, 백구는 용감하게 몸을 던져 어르신의 목숨을 구했어요."

할아버지는 몸을 사리지 않고 자신의 목숨을 구한 백구의 무덤을 만들어 주었어요.

마을 사람들은 백구와 달리 자기가 다칠까 두려워서 적극적으로 뛰어들지 못했어요. 이런 모습을 가리켜 흔히 '몸을 사리다'라고 말해요.

'사리다'는 뱀 따위가 몸을 똬리처럼 동그랗게 감는 모습, 또는 짐승이 겁을 먹고 꼬리를 말고 있는 모습을 말해요. 동물뿐만 아니라 사람도 어떤 일에 선뜻 나서기를 주저할 때 몸을 웅크리지요. 이런 모습에서 '몸을 사리다'라는 말이 나왔답니다.

무릎을 꿇다

항복하거나 굴복하다

> **비슷한 관용어**
> ○ **두 손 들다**: 자기 능력에서 벗어나 그만두다.
> 예문 너에게 **두 손 들었으니** 네 부탁을 들어주마.

조선 인조 때의 일이에요. 그 무렵 조선은 명나라와 사이좋게 지내고 후금과는 사이가 좋지 않았어요. 이를 못마땅하게 여긴 후금은 청나라를 세우고 1636년에 조선을 침략했어요.

"전하, 청의 군대가 곧 한양에 도착해 도성을 포위할 것입니다. 지금 당장 남한산성으로 피신하여 다음을 기약하시옵소서."

인조는 얼른 남한산성으로 몸을 피했어요. 청의 군대를 물리치고 한양으로 돌아갈 날만 기다렸지만, 청의 공격에 조선은 속절없이 무너지고 말았어요.

"전하, 이제 그만 항복하고 백성들의 피해를 줄여야 옳습니다."

"아니 되옵니다, 전하. 조선의 이름을 걸고 끝까지 싸워야 합니다."

신하들의 분분한 의견에 인조는 마음을 정하지 못했어요. 그렇게 한 달 넘도록 청나라에 대항하던 인조는 결국 항복할 수밖에 없었어요. 인조는 한양과 남한산성을 잇는 나루터 삼전도로 나가 청나라 왕 앞에 무릎을 꿇었어요.

"임금께서 무릎을 꿇다니 이보다 비통한 일이 또 있을까!"

온 나라가 슬픔에 휩싸이고, 수많은 신하들과 왕자들이 청나라 인질로 붙잡혀 간 비참한 날이었어요.

사람들은 오래전부터 신이나 조상의 제단 앞에 무릎을 꿇었어요. 존경과 예의를 갖추는 의미였죠. 이런 관습이 꾸준히 전해져 신하가 왕에게 충성을 맹세할 때나 전쟁에 져서 항복할 때도 무릎을 꿇었어요. 그래서 '무릎을 꿇다'라는 말은 항복하거나 굴복한다는 의미로 사용해요. 일상에서는 남의 말이나 행동, 어떤 상태를 어쩔 수 없이 받아들여야만 할 때 이 말을 쓴답니다.

무릎을 치다

갑자기 놀라운 사실을 알게 되거나 좋은 생각이 떠올라 감탄하다

┌─────────────────────────────┐
│ **무릎이 나오는 관용어** │
│ ○ **무릎을 마주하다**: 서로 가까이 마주 앉다. │
│ (예문) 우리는 무릎을 마주하고 대화를 나누었다. │
└─────────────────────────────┘

옛날 어느 마을에 마음씨 착한 부부가 살았어요. 어느 날, 부부는 장터에 갔다가 이상한 방이 붙은 걸 보았어요.

'돈 천 냥에 아버지를 팝니다.'

부부는 방을 보고 저런 불효자가 또 있을까 싶어 기가 막혔어요. 그런데 아내가 갑자기 무릎을 탁 치며 말했어요.

"여보, 우리가 그 아버님을 삽시다! 저런 불효자와 사느니 친자식은 아니어도 우리랑 살면 그 아버님도 더 좋지 않을까요?"

부부는 어렵사리 돈 천 냥을 마련해 방에 적힌 집을 찾아갔어요.

잠시 후, 그 집에서 노인 한 명이 나왔어요.

"나를 사겠다고? 대체 왜 이 늙은이를 사려 하시오?"

"저희 부부는 부모님을 일찍 여읜 터라 부모님을 모시고 사는 게 소원이랍니다. 비록 남의 부모님이라도 정성껏 모시려 합니다."

그 말을 들은 노인이 무릎을 치며 외쳤어요.

"옳거니! 드디어 자식을 찾았구나!"

알고 보니 그 방을 붙인 사람은 바로 이 노인이었어요. 돈은 많지만 자식이 없어 쓸쓸한 노인이 양자녀를 얻고 싶어 꾀를 낸 거였죠. 그런데 혹시라도 노인의 돈을 탐내고 양자녀가 되겠다는 사람이 있을까 봐 천 냥에 팔겠다는 방을 붙였던 거예요. 이렇게 해서 부부는 아버지를 얻고 노인은 자녀를 얻어 행복하게 살았어요.

<u>몹시 기쁘거나 놀라운 일이 있을 때, 문득 좋은 생각이 떠올랐을 때 사람은 흔히 손뼉을 치거나 손으로 무릎을 쳐요. 그래서 '무릎을 치다'라는 말이 자연스레 생겨났답니다.</u>

발등에 불이 떨어지다

일이 몹시 절박하게 닥치다

> **비슷한 한자어**
> ◦ **초미지급**(焦眉之急): 눈썹에 불이 붙은 것처럼 아주 위급한 상태.
> (예문) 그 버스를 놓친 것은 나에게 **초미지급**의 위기였다.

옛날 어느 마을에 홀시어머니를 모시고 사는 며느리가 있었어요. 며느리는 효심이 깊기로 소문이 자자했어요. 그래서 만나는 사람마다 며느리를 칭찬했지요.

"효성이 지극한 며느리를 두셔서 얼마나 좋으세요."

그 말에 시어머니는 항상 말없이 웃기만 했어요. 남의 속도 모르고 하는 말이니까요. 사실 며느리는 착하지만 너무 게을러 걱정이었어요. 뭐든지 번번이 미루다가 일을 그르치기 일쑤였지요.

며느리는 아궁이에 불을 피우는 일도 게을리했어요. 언제나 불이 다 꺼져 갈 즈음에야 불씨를 키우느라 땔감을 넣다가 "앗, 뜨거!" 하고 소리칠 때가 한두 번이 아니었어요. 불씨가 발등에 튀어 뜨겁다고 이리저리 뛰는 며느리를 보면 어머니는 한숨이 절로 나왔어요.

"앗, 뜨거!"

"얘야, 또 불씨가 튀었니? 그러게 발등에 불이 떨어져서야 일하는 버릇 좀 고치라니까."

시어머니가 아무리 잔소리를 해도 며느리의 게으른 습관은 잘 고쳐지지 않았어요. 오늘도 며느리는 발등에 붙은 불을 끄느라 정신이 없었지요.

'발등에 불이 떨어지다'라는 말은 당장 해야 할 일이 코앞에 닥쳐 마음이 급한 상태를 가리켜요. 뜨거우니까 당장 불을 끄기 위해 정신없이 움직일 정도로 급한 상태라는 뜻이죠. 반대로, 눈앞에 닥친 절박한 일을 처리하거나 해결했을 때는 '발등의 불을 끄다'라고 말해요.

발목 잡히다

어떤 일에 꼭 잡혀 벗어나지 못하다

> **비슷한 관용어**
> ○**책을 잡히다**: 잘못을 나무랄 구실을 주다.
> (예문) 그는 매일 지각을 해서 상사에게 **책을 잡혔다**.

'결승에는 아마 덕배가 올라올 거야. 올해는 내가 꼭 이겨서 황소를 타고 말 테다.'

동춘이는 밤하늘을 보며 단단히 별렀어요. 이제 날이 밝으면 씨름 대회가 열립니다. 작년에는 동춘이가 옆 마을 덕배에게 졌지만 이번에는 자신 있었어요. 연습도 많이 했고, 체력도 많이 길러 놓았지요.

예상대로 동춘이와 덕배는 결승전에서 만났어요.

"동춘아, 미안하지만 올해도 황소는 내가 가져가야겠다."

"어림없는 소리! 작년의 내가 아니니 각오해라."

두 사람은 마주 보고 샅바를 잡았어요. 샅바를 잡고 어깨를 맞댄 채로 일어설 때 덩치 큰 덕배의 압도적인 힘이 느껴져서 동춘이는 움찔했어요. 그 틈에 덕배가 동춘이를 번쩍 들어 올렸죠.

"우아, 동춘이가 들렸어!"

바둥대는 동춘이를 덕배가 찍어 누를 듯이 땅으로 내리꽂는 순간, 동춘이는 덕배의 발목을 잽싸게 잡아 들어 올렸어요.

"와, 발목 잡혔다! 덕배는 끝났어!"

구경꾼들 말대로 덕배는 중심을 잃고 모래판에 쓰러졌어요.

"올해 천하장사는 동춘이다!"

구경꾼들이 소리치며 어깨춤을 추었어요. 동춘이에게는 잊을 수 없는 단옷날이었지요.

'발목 잡히다'는 본래 씨름판에서 쓰던 말이에요. 제아무리 덩치가 커도 상대 선수에게 발목을 잡히면 번쩍 들려서 모래판에 나둥그러지게 마련이죠. 그 뒤로 '발목 잡히다'는 남에게 어떤 단서나 약점을 잡혀서 꼼짝 못 하는 상태를 가리키는 말이 되었답니다.

발이 넓다

아는 사람이 많아 활동하는 범위가 넓다

비슷한 말

- **마당발**: 볼이 넓고 바닥이 평평하게 생긴 발을 마당발이라고 하는데, 인간관계가 넓어서 활동하는 폭이 넓은 사람을 뜻한다.
- **예문** 그는 그 지역의 마당발로, 모르는 사람이 거의 없다.

용수는 늘 바빴어요. 일을 잘하고 성품이 좋아 마을 어르신들이 언제나 용수를 찾곤 했지요.

며칠 후면 정월 대보름이에요. 마을 사람들은 대보름 잔치 준비로 한창 바빴어요. 용수도 쥐불놀이할 때 쓸 횃불을 만드느라 정신이 없었어요.

그때 마을 어른 한 명이 헐레벌떡 용수를 찾아왔어요.

"용수야, 지금 횃불을 만들 때가 아니야. 언덕 너머 우물에 있는 두레박이 깨져서 사람들이 물을 못 뜨고 있어."

용수는 횃불을 만들다 말고 두레박을 고치러 뛰어갔어요.

두레박을 이리저리 손보고 있는데, 이번에는 건넛마을 아낙네들이 급히 용수를 찾았어요.

"그넷줄을 새로 바꿔야 할 것 같은데 도와줄 수 있지?"

그러자 용수네 마을 어른들이 웃으며 말했어요.

"아니, 여기저기서 왜 이렇게 용수만 찾아?"

"용수가 발이 넓어서 그렇지요. 이 마을 저 마을 용수를 모르는 사람이 있나요? 워낙 싹싹하고 재주도 많아서 찾는 사람이 많아요."

'발'은 일이나 다른 사람과의 관계를 상징할 때가 많아요. 발이 넓다는 건 활동 범위가 넓다는 뜻이지요. 발로 여기저기 돌아다니며 많은 사람을 사귈 수 있으니까요. 그래서 아는 사람이 많고 여러 분야에서 바쁘게 활동하는 사람을 보고 "발이 넓다."라고 한답니다.

배가 아프다

남이 잘되어 심술이 나다

관련된 속담

 사촌이 땅을 사면 배가 아프다: 남이 잘되는 것을 기뻐해 주지 않고 오히려 시기하고 질투하는 경우를 비유적으로 이르는 말.

어느 마을에 박 영감과 김 영감이 서로 이웃해 살았어요. 박 영감은 아주 가난하고 자식이 없었지만, 김 영감은 재산도 넉넉한 데다 자식도 여럿이었답니다.

박 영감 집 마당에는 아주 큰 감나무가 한 그루 있었어요. 가을이 되면 탐스러운 감이 주렁주렁 가지가 늘어지게 달렸지요. 김 영감 집에도 감나무가 있었지만 감이 영 열리지를 않았어요.

'아이고, 배야. 저 집 감나무만 보면 왜 이렇게 배가 아프지?'

그런데 언제부터인지 박 영감네 감나무가 자라면서 김 영감 집으로 가지를 뻗었어요. 그 가지에도 감이 많이 달렸죠. 욕심 많은 김 영감은 잘됐다 싶어 박 영감의 감을 함부로 따 갔어요.

'우리 집으로 넘어왔으니 내 거야!'

그러나 박 영감은 아무 말이 없었어요.

한참 지나서 김 영감은 괜히 찔려 박 영감에게 물어봤어요.

"자네 감나무에서 감을 땄는데 왜 아무 말도 하지 않는가."

"자네는 가족이 많지 않은가. 어차피 나 혼자 다 먹지도 못할 텐데 나눠 먹으면 좋지."

박 영감의 넉넉한 마음에 김 영감은 고개를 떨구었어요. 자기 집 형편이 훨씬 나은데도 박 영감의 감나무가 탐이 나서 배 아파한 자신이 너무 부끄러웠어요.

사람은 자기보다 조금이라도 더 잘나가고 더 많이 가진 사람을 보면 쉽게 시기하고 질투를 해요. 그럴 때 보통 "배가 아프다."라고 말하지요. 실제로, 마음이 편치 않으면 우리 몸속의 예민한 창자가 바로 반응해 창자가 꼬이기도 한답니다.

손을 씻다

좋지 않은 일에 대해 관계를 끝내다

- **비슷한 관용어**
  - **발을 빼다:** 어떤 일에서 관계를 완전히 끊고 물러나다.
  - **예문** 일이 잘못되자 그는 슬쩍 발을 빼려고 눈치를 살폈다.

착하고 성실한 기름 장수가 있었어요. 좋은 깨로만 정성스레 기름을 짜서 기름이 날개 돋친 듯 팔렸어요. 그런데 장사가 잘되자 윗집 사는 친구가 시기했어요.

'저 녀석, 오늘도 피곤해서 곯아떨어졌겠군.'

윗집 친구는 기름 장수가 장사를 마치고 집에 돌아와 잠에 빠지면 몰래 들어가 돈을 훔치곤 했어요.

도둑을 여러 번 맞자 기름 장수는 고을 원님에게 이 사실을 알렸어요. 사연을 들은 원님은 곰곰이 생각하더니 이렇게 명령했어요.

"여봐라! 동네 사람들의 돈을 먼저 살펴보아라!"

원님은 기름 장수의 돈에는 기름이 묻어 있을 거라고 생각했어요. 그래서 물통에 넣었을 때 기름이 뜨는 돈을 찾으라고 했죠. 당연하게도 윗집 친구의 돈에서만 기름이 둥둥 떴어요.

"네 이놈! 바로 네놈이 돈을 훔쳐 간 도둑이로구나!"

윗집 친구는 훔친 돈을 모두 돌려주고 큰 벌을 받았어요.

그 후, 윗집 친구는 그동안 돈을 훔친 자기 손이 부끄러워 견딜 수 없었어요. 그래서 손을 물에 박박 씻으며 결심했어요.

'이제 다시는 남의 돈에 손대지 않을 거야.'

윗집 친구는 깨끗이 씻은 자기 두 손을 물끄러미 바라보았어요.

우리는 밖에 나갔다 돌아오면 제일 먼저 손을 씻어요. 손에 묻은 나쁜 세균과 더러움을 씻어 내는 거죠. 이런 행동의 의미가 점점 넓어져서 '손을 씻다'라는 말은 그동안 해 오던 나쁜 일이나 바르지 못한 행동을 끝낸다는 뜻으로 쓰이게 되었답니다.

손을 잡다

서로 힘을 합쳐 돕다

> **비슷한 관용어**
> ○ **발을 맞추다**: 행동이나 말 따위가 같은 방향이 되게끔 서로 일치시키다.
> (예문) 저 팀은 발을 척척 맞추니 이번 경기에도 이길 거야.

고구려, 백제, 신라 세 나라가 맞서던 삼국 시대의 이야기예요. 세 나라는 서로 밀고 밀리는 전쟁을 여러 차례 겪으면서 적이 됐지요.

마침내 백제 의자왕에게 공격을 받은 신라는 큰 위험에 빠지고 말았어요. 다급해진 신라는 김춘추를 고구려로 보내 도움을 청했어요.

"백제가 침략해서 지금 우리 신라가 위기에 놓였습니다. 우리와 손을 잡고 백제를 치면 어떻겠습니까?"

그러자 고구려의 장수 연개소문은 코웃음을 쳤어요.

"본래 우리 땅이었던 한강 유역을 빼앗은 게 바로 신라 아니오. 그런데 지금 우리더러 같이 손을 잡고 백제를 치자고?"

연개소문은 김춘추를 가두어 버렸어요. 김춘추는 가까스로 고구려를 탈출하여 이번에는 중국 당나라에 가서 도움을 청했어요.

"백제가 침략해서 우리 신라가 위기에 빠졌습니다. 우리와 손을 잡고 백제를 치면 어떻겠습니까?"

당나라 왕 태종은 김춘추가 내민 손을 흔쾌히 잡았어요.

"좋소! 우리도 전에 고구려를 공격했다가 실패했었지. 같이 백제를 먼저 치고 그다음에 고구려를 칩시다!"

이렇게 해서 신라는 당나라와 손을 잡고 백제와 고구려를 물리쳐 삼국을 통일했어요.

누구의 손을 잡는 것은 친밀감을 나타내는 일이에요. 믿을 수 없는 사람이나 모르는 사람의 손을 함부로 잡지는 않지요. 그래서 '손을 잡다'라는 말은 어떤 목적을 이루기 위해 함께하겠다는 마음가짐을 나타낸답니다.

어깨가 무겁다

무거운 책임을 져서 마음에 부담이 크다

비슷한 관용어
- **어깨를 짓누르다**: 의무나 책임, 제약 따위가 중압감을 주다.
  (예문) 사장이라는 자리가 그의 어깨를 짓눌렀다.

조선 선조 임금 때의 일이에요.

"전하, 우리 군이 칠천량 해전에서 크게 패했다고 하옵니다."

그 무렵 왜구가 조선에 자주 쳐들어왔는데, 조선은 훨씬 막강한 군대가 있으면서도 이기지 못한 거예요. 그제야 선조는 후회했어요.

'이순신만 한 장수가 없다.'

그때 이순신 장군은 모함을 받아 관직을 그만둔 상태였어요. 선조는 이순신 장군을 다시 불렀어요.

"이순신을 통제사로 부르도록 하라!"

통제사가 높은 직책은 아니었지만 이순신 장군은 크게 신경 쓰지 않았어요. 왜구를 막아 내야 한다는 마음뿐이었어요.

'그 어느 때보다 어깨가 무겁구나. 내 어깨에는 조선의 백성을 구하라는 책임이 놓여 있어. 죽음을 각오하고 반드시 해내야만 한다.'

그 뒤 이순신 장군은 명량 해전 등에서 크게 승리하며 왜구를 조선 땅에서 몰아냈어요.

어깨에 짐을 짊어지면 짐이 무거울수록 어깨도 무겁게 느껴지지요. 그래서 어깨는 책임감을 상징하는 말로 많이 쓰여요. 막중한 책임을 져야 할 일을 맡으면 실제로 어깨 근육이 긴장되기도 해요.

이처럼 '어깨가 무겁다'라는 말은 중요한 일을 맡게 되어 그만큼 마음에 부담이 커진다는 뜻이에요. 반대로 무거운 책임에서 벗어나 홀가분할 때는 '어깨가 가볍다'라고 표현한답니다.

3장 음식에 빗댄 관용어

국물도 없다

돌아오는 몫이나 이득이 아무것도 없다

비슷한 관용어

○ 어림 반 푼어치도 없다: 몹시 부당하거나 터무니없는 말을 함을 이르는 말.
예문 네가 나에게 사귀자고 하다니, 어림 반 푼어치도 없는 일이다.

보릿고개가 되자 토담 마을에도 먹을 것이 궁해졌어요. 보릿고개는 햇보리가 나올 때까지의 넘기 힘든 고개라는 뜻으로, 지난해 가을에 거두어들인 곡식이 거의 떨어지고 보리가 아직 여물지 않은 음력 4~5월을 말해요.

"내일이 최 참판댁 제사지?"

"뱃가죽이 등에 붙을 지경인데, 내일은 배에 기름칠 좀 하겠군."

마을에서 제일 부자인 최 참판댁 제사가 있는 날이면 마을 사람들은 제삿밥을 얻어먹으려고 몰려가곤 했어요.

드디어 제삿날이 되자 최 참판댁은 마을 사람들로 북적였어요. 돌석이는 길게 늘어선 사람들을 보고 깜짝 놀랐어요.

"이러다 밥도 못 먹는 거 아냐?"

돌석이의 예상은 빗나가지 않았어요. 제사가 끝나고 하인들이 제삿밥을 나눠 주었는데, 하필 돌석이 앞에서 딱 동이 났지 뭐예요.

"미안해서 어쩌나. 국자로 아무리 긁어도 이제 국물도 없네."

돌석이는 텅 빈 가마솥 바닥을 슬프게 바라보았어요. 이날만 기다려 왔는데 건더기는커녕 국물 한 방울조차 맛보지 못해 눈물이 핑 돌았답니다.

국에서 중요한 게 건더기인데, 건더기는커녕 국물도 없다는 말은 아무것도 먹을 게 없다는 뜻이에요. 그러다 점점 의미가 넓어져서 요즘은 국물 한 방울도 돌아가지 않을 만큼 야박하게 사정을 봐주지 않는다는 뜻으로도 쓰인답니다.

국수를 먹다

결혼식에 초대받거나 결혼식을 올리다

비슷한 관용어

- **화촉을 밝히다**: 화촉은 빛깔을 들인 밀초를 말하는데, 흔히 혼례 의식에 쓰기 때문에 '화촉을 밝히다'는 결혼식을 올린다는 뜻으로 사용한다.
- 예문 친구 부부는 지난봄에 화촉을 밝혔다

오늘은 꽃님이 누나가 혼례를 치르는 날이에요. 엄마와 할머니, 숙모들이 모두 모여 잔치 음식을 준비하느라 밤을 꼬박 샜어요.

특히 국수를 잘 만드는 숙모는 귀한 밀가루를 반죽하느라 정신이 없었어요. 숙모는 국수 반죽을 밀대로 납작하게 밀어 숭덩숭덩 썰었어요. 어찌나 빠른지 손이 보이지 않을 정도였지요.

용석이가 입을 쩍 벌린 채 옆에서 지켜보자 숙모가 말을 건넸어요.

"용석아, 꽃님이 누나가 시집간다니 서운하지?"

그러자 용석이는 크게 외쳤어요.

"아뇨, 좋아요! 누이 덕분에 오늘 맛있는 국수를 먹잖아요."

지나가다 그 말을 들은 꽃님이가 용석이에게 꿀밤을 먹였어요.

"요 녀석, 누나가 시집간다고 서운해할 줄 알았더니 국수 먹을 생각에 아주 신이 났구나!"

음식을 준비하던 어른들은 모두 웃음을 터뜨렸어요.

우리 조상들은 제사나 잔치 등 특별한 날에 국수를 먹었어요. 특히 혼인 잔치에는 꼭 국수를 먹었지요. 기다란 국수 가닥만큼 오래 살라는 의미도 있고, 힘든 일이 닥쳐도 국수가 목구멍으로 술술 넘어가듯 잘 헤쳐 나가라는 의미가 있거든요. 그래서 결혼식 올리는 일을 '국수를 먹다'라고 비유적으로 말하게 되었어요.

지금은 국수가 흔한 음식이 되어 잔치 때 대접하지 않는 경우가 많아요. 그렇지만 오늘날에도 언제 결혼할지 물어볼 때는 "언제 국수 먹게 해 줄 거야?"라고 한답니다.

그림의 떡

아무리 마음에 들어도 이용할 수 없거나 가질 수 없는 경우를 이르는 말

> **비슷한 관용어**
>
> ○ **속 빈 강정:** 겉만 그럴듯하고 실속이 없는 것을 비유적으로 이르는 말.
> (강정은 찹쌀가루 반죽을 말려 기름에 튀긴 전통 과자로, 강정을 기름에 튀기면 부풀면서 겉은 풍성해 보이지만 속은 비어 있다.)
> (예문) 그 가게는 속 빈 강정처럼 겉만 번지르르하고 살 만한 물건은 없었다.

위·촉·오 세 나라가 맞서던 중국의 삼국 시대 때 이야기예요.

위나라의 제2대 황제 조예는 노육이라는 신하를 무척 아꼈어요. 노육은 어릴 때 아버지를 잃고 일찍 고아가 됐지만, 학식이 높고 품행이 반듯해 나라에 공을 세운 인물이었지요. 무엇보다 청렴하기 그지없어서 황제는 인재 뽑는 일을 노육에게 맡겼어요.

"인재를 뽑을 때는 그대와 같은 사람을 고르시오. 그러면 틀림없을 것이오."

그러자 노육은 부끄러워하며 고개를 숙이고 말했어요.

"저 같은 인물보다는 유명한 사람이 더 낫지 않겠습니까."

황제는 그 말에 이렇게 단호히 대답했어요.

"유명한 사람을 뽑아서는 안 되오. 단지 이름만 잘 알려진 사람들은 마치 땅에다 그린 그림의 떡과 같을 뿐이오."

노육은 황제의 말뜻을 이해했어요. 이미 명성이 높은 사람은 신하로 임명해 봐야 말을 잘 듣지 않을 가능성이 높고, 먹을 수 없는 그림의 떡처럼 실속이 없다는 뜻이라고 생각했지요.

제아무리 김이 모락모락 나는 먹음직스러워 보이는 떡이라도 그것이 그림이라면 무슨 소용이 있을까요? 입 안에 군침이 돌지만 그림이라 먹을 수 없으니 오히려 괴롭기만 하지요.

이렇게 땅에 그린 떡 그림처럼 실제로 먹을 수도 없고 가질 수도 없어서 실속이 없는 상태를 '그림의 떡'이라고 빗대어 말해요.

깨가 쏟아지다

오붓하고 매우 아기자기하여 재미가 나다

> **비슷한 관용어**
> ◦ **입이 귀밑까지 찢어지다**: 기쁘거나 즐거워서 입이 크게 벌어지다.
> (예문) 아들의 합격 소식을 들은 부모님은 입이 귀밑까지 찢어졌다.

참깨가 잘 여물어 수확할 때가 됐어요. 바람이 선선해진 초가을, 박 영감은 부지런히 참깨를 베어 멍석 위에 널었어요.

"날씨가 좋아 참깨가 잘 마르겠어."

박 영감은 기름을 짜서 자식들 줄 생각에 기분이 좋았어요.

며칠 뒤, 박 영감은 마당에 널어 놓은 참깨를 털었어요. 그때 건넛마을에 사는 첫째 손자가 대문을 열고 울면서 들어왔어요. 아버지에게 몹시 혼이 난 모양이에요. 그런데 깨 터는 모습이 재미있어 보이는지 눈물을 거두고 말했어요.

"할아버지, 저도 해 보고 싶어요!"

"자, 이렇게 참깨 다발을 들고 마구 흔들어 보렴."

손자가 참깨 다발을 들고 흔들자 벌어진 꼬투리 밖으로 참깨가 우수수 떨어졌어요. 참깨가 쉽게 떨어지니 재미가 있었어요.

"요렇게 막대기로 톡톡 치며 남은 깨를 털어 보렴."

참깨가 알알이 떨어져 어느새 멍석 위에는 깨알이 가득 쌓였어요. 박 영감과 손자가 깨를 털며 쉴 새 없이 웃음을 터뜨리자 지나가던 이웃집 최 영감이 담장 너머로 한마디 했어요.

"마당에도 깨가 쏟아지고, 얼굴에도 깨가 쏟아지는구먼."

이처럼 우리 조상들은 깨를 털 때 깨가 우수수 쏟아지는 모습이 여러 사람이 모여 오붓하게 이야기를 나누는 모습과 닮았다고 생각했어요. 그래서 사람들이 모여 오순도순 재미있게 얘기 나누는 모습을 보면 "깨가 쏟아진다."라고 했어요. 특히 결혼한 지 얼마 안 된 신혼부부가 알콩달콩 지내는 모습을 보고 깨가 쏟아진다는 표현을 많이 쓴답니다.

뜨거운 맛을 보다

호된 고통이나 어려움을 겪다

> **비슷한 관용어**
>
> ○ **된서리를 맞다:** 갑작스레 큰 피해를 입거나 어려운 상황에 놓였을 때 쓰는 표현으로, 그만큼 모진 재앙이나 억압을 당한다는 뜻.
> (늦가을에 아주 되게 내리는 서리를 된서리라고 하는데, 된서리가 내리면 농작물이 시들시들해지거나 금방 죽기도 한다.)
> **예문** 저렇게 나쁜 짓을 일삼는 사람은 나중에 반드시 된서리를 맞을 거야.

어느 부부에게 딸이 하나 있었어요. 그런데 결혼한 지 몇 해가 지나도록 친정에 놀러 오지를 못했어요.

그러다 몇 년 만에 딸 부부가 나들이를 왔어요. 신이 난 부인은 딸이 좋아하는 한과를 만들어 다과상을 차렸어요. 그런데 눈치 없는 사위가 맛있다며 혼자서만 다 먹지 않겠어요?

'괘씸하군! 내 딸한테 먹어 보라는 말도 안 하고 혼자 다 먹네.'

그날 밤, 부인은 딸의 하소연에 속이 더 부글부글 끓었어요.

"엄마, 우리 남편은 결혼 전과 너무 달라요. 저를 많이 도와주겠다 그러더니 나 몰라라 해요."

화가 잔뜩 난 부인은 이튿날 아침에 매생잇국을 팔팔 끓였어요. 매생잇국은 겉으로는 김이 많이 안 난답니다.

"자, 들게나. 우리 마을에서는 사위가 오면 매생잇국을 내놓지."

사위는 매생잇국에 김이 나지 않자 적당히 식은 줄 알고 냉큼 국을 떠먹었어요. 그런데 보기보다 너무 뜨거워 하마터면 비명을 지를 뻔했어요. 그러나 장인 장모가 보고 있어서 펄쩍펄쩍 뛰지 못하고 참느라 입천장을 데었지요.

'뜨거운 맛을 보니 어떤가? 입 안이 얼얼하지?'

부인은 속으로 웃으며 고소해했답니다.

뜨거운 국물이나 튀김을 식히지 않고 급히 먹다가, 펄쩍 뛸 만큼 고통스러웠던 기억이 한두 번쯤은 있지요? 이처럼 '뜨거운 맛을 보다'라는 말은 매우 심한 고통이나 어려움을 겪는 상황에 빗대어 쓰는 표현이에요. 크게 고생하거나 실패한 경우, 또는 운동 경기에서 졌을 때도 뜨거운 맛을 봤다고 해요.

뜸을 들이다

서두르지 않고 느긋하거나 답답할 정도로 느리다

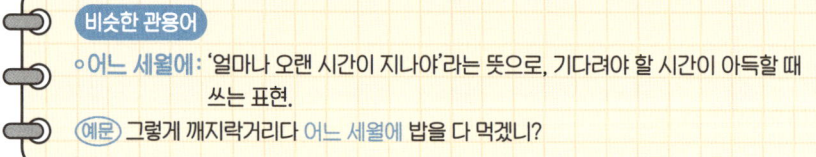

> **비슷한 관용어**
> ○ **어느 세월에**: '얼마나 오랜 시간이 지나야'라는 뜻으로, 기다려야 할 시간이 아득할 때 쓰는 표현.
> (예문) 그렇게 깨지락거리다 어느 세월에 밥을 다 먹겠니?

인절미가 맛있기로 소문난 떡집이 있었어요. 3대를 이어 온 떡집이 늘 손님들로 북적대자 아들이 4대째를 이어 가겠다며 떡 만드는 기술을 배웠어요.

"떡을 만드는 데 특별한 비법이 있는 건 아니란다. 모든 과정을 서두르지 않고 정성을 다하면 떡 맛이 좋기 마련이지."

어머니는 아들에게 쌀 씻는 법부터 차근차근 가르쳐 주었어요. 그리고 마지막으로 한 가지를 신신당부했어요.

"시루에서 찹쌀을 찐 다음에는 반드시 뜸을 푹 들여야 한다. 뜸을 제대로 들여야만 아주 차진 인절미가 된단다."

그러나 아들은 어머니가 시키는 대로 하지 않았어요. 무엇보다 뜸을 들이는 시간이 너무 아까워 뜸을 제대로 들이지 않았어요.

그런데 아들이 떡집을 물려받은 뒤로 손님이 점점 줄었어요. 떡맛이 예전 같지 않다는 소리도 자주 들렸고요. 손님들이 다 끊기고 나서야 아들은 깨달았어요.

'뜸을 들이는 과정이 생각보다 중요하구나!'

아들은 어머니가 가르쳐 준 대로 다시 떡을 만들기 시작했답니다.

<u>뜸은 음식을 삶거나 쪄서 익힐 때, 열을 가한 뒤 한동안 뚜껑을 열지 않고 그대로 두어 속속들이 잘 익히는 걸 말해요. 보통 밥을 할 때나 떡, 고구마 등을 찔 때 뜸을 들이는데, 이 과정을 거쳐야 음식이 맛있어져요. 그러다 보니 의미가 점점 확장되어, 일이나 말을 할 때 한숨 돌리거나 서두르지 않고 가만히 있는 경우에 비유적으로 '뜸을 들이다'를 사용하게 됐어요. 요즘에는 말과 행동이 답답할 정도로 느리다는 의미로도 자주 써요.</u>

밥 먹듯 하다

예사로 자주 하다

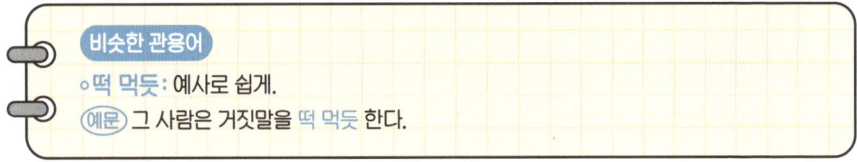

비슷한 관용어
○ 떡 먹듯: 예사로 쉽게.
예문 그 사람은 거짓말을 떡 먹듯 한다.

어느 고을에 됨됨이가 훌륭하고 학식이 높은 선비가 있었어요. 선비는 나이가 지긋이 들자 관직을 그만두고 고향에 내려와 서당을 차렸지요. 선비는 학문을 닦고자 하는 마을 청년들을 열과 성을 다해 가르쳤어요.

어느 날, 어떤 청년이 학문을 익히고 싶다며 선비를 찾아왔어요.

"저는 집안이 가난하여 일할 시간도 빠듯합니다. 그렇지만 열심히 배워 보겠습니다. 잘 가르쳐 주십시오."

선비는 청년이 마음에 들었어요.

"공자의 수제자로 알려진 안회도 가난했지만 학문을 배우는 데는 게을리하지 않았다. 너도 열심히 배우거라."

그런데 청년은 공부하러 오는 시간이 들쭉날쭉했어요. 어느 날은 농사일이 바빠 못 온다는 기별을 보내기도 했지요.

선비는 청년을 찾아갔어요. 마침 밥을 먹고 있는 청년을 보고 선비가 물었어요.

"배울 시간은 없는데 밥 먹을 시간은 있느냐?"

"밥은 먹어야지요. 밥을 먹어야 무슨 일이든 하지 않겠습니까."

선비는 그 말에 가만가만 대답했어요.

"공부하는 것도 밥 먹는 것과 같다. 밥이 몸의 양식이라면, 책은 영혼의 양식이다. 그러니 책도 밥 먹듯이 읽어야 하느니라."

하루라도 밥을 안 먹는 사람은 아마 없을 거예요. 숨을 쉬는 것처럼 밥을 먹는 것 또한 아주 자연스러운 일이니까요. 그래서 '밥 먹듯 하다'라는 말은 어떤 일을 일상처럼 자주 한다는 뜻으로 쓰이게 되었답니다.

입맛대로 하다

저 좋은 대로 마음대로 하다

비슷한 관용어

- **떡 주무르듯 하다**: 무엇이든 저 하고 싶은 대로 마음대로 다루다.
- 예문 그는 힘 좀 세다고 자기보다 약한 사람들을 떡 주무르듯 한다.

아령 아씨는 조바심에 마당을 왔다 갔다 했어요. 내일은 사랑하는 성호 도령이 인사하러 집에 오는 날인데, 무슨 음식을 준비할지 고민이었지요. 성호 도령은 입맛이 아주 까다롭다고 들었거든요.

그때 좋은 생각이 떠올랐어요.

'입맛 맞추기가 어려운 사람이라면 그 음식이 좋겠다!'

이튿날, 성호 도령이 오자 아령 아씨와 어머니는 정성껏 마련한 음식을 차려 냈어요. 바로 구절판이었어요. 아홉 칸으로 나뉜 예쁜 그릇에 담긴 제철 채소와 고기를 밀전병에 싸 먹는 음식이에요.

"어떤 음식이 입맛에 맞으실지 몰라 구절판을 준비했습니다. 채소와 고기가 두루 있으니 골고루 맛보세요."

그런데 성호 도령은 고기만 쏙 빼 먹고 나머지는 그대로 남겼어요.

도령이 돌아가자 어머니가 말했어요.

"성호 도령이 네 신랑감으로 좋은 사람인지 잘 모르겠구나. 입맛에 맞는 것만 쏙쏙 빼 먹는 모습을 보니 자기 하고 싶은 대로만 하고 살 사람 같아서 말이다."

어머니의 말에 아령 아씨는 마음이 복잡해지고 말았어요.

'입맛'은 음식을 먹을 때 입에서 느끼는 맛에 대한 감각을 말해요. 이 입맛이 살아나야 무엇이든 맛있게 먹을 수 있고, 그래야 공부도 일도 열심히 할 의욕이 생기는 법이랍니다. 그래서 입맛이라는 말은 어떤 일이나 물건에 흥미를 느끼는 마음을 뜻하기도 해요.

'입맛대로 하다'는 이것저것 자기 좋을 대로 다 한다, 자기가 원하는 대로 한다는 의미로 쓰여요.

죽을 쑤다

어떤 일을 망치거나 실패하다

> **비슷한 관용어**
> ○ **죽도 밥도 안 되다**: 어중간하여 이것도 저것도 안 되다.
> (예문) 일을 그렇게 어설프게 하면 죽도 밥도 안 된다.

오늘은 강씨 부인이 시집와 처음으로 아침상을 차리는 날이에요. 아직 살림이 서툰 탓에 잔뜩 긴장했지요.

강씨 부인은 먼저 밥부터 지었어요. 쌀을 잘 씻은 다음 큰 가마솥에 넣고 물을 부었어요. 친정어머니가 알려 준 대로 손등 중간까지 물이 오게끔 조심조심 부었지요. 그렇지만 가마솥에 밥을 짓는 건 처음이라 걱정되었어요.

'물이 조금 적어 보이네. 벌써 밑이 타는 냄새가 나는 것도 같고.'

강씨 부인은 걱정이 되어 물을 조금씩 더 부었어요.

뜸을 들인 뒤 가마솥 뚜껑을 열고 밥을 푸려는 순간, 강씨 부인은 식은땀을 줄줄 흘렸어요. 물을 조금씩 붓다 보니 밥알이 죽처럼 다 풀어져 버렸거든요.

'아, 어떡하지? 밥이 아니라 죽을 쑤고 말았어.'

강씨 부인이 차린 밥상을 보고 시아버지가 허허 웃으며 말했어요.

"우리 며느리가 지혜롭구나. 그러잖아도 요즘 소화가 안 돼서 죽을 먹고 싶었는데 말이다."

첫 아침밥을 지은 날, 강씨 부인은 밥이 아니라 죽을 쑤었지만 집안에는 웃음꽃이 피어났어요.

<u>옛날에는 커다란 가마솥에 밥을 짓다 보니 물을 조절하기가 힘들어 곧잘 죽이 되곤 했어요. 그래서 '죽을 쑤다'라는 말에 망쳤다는 의미가 담기게 됐지요. 예를 들면 열심히 공부했는데 시험을 못 보거나, 철저히 준비한 자료를 엉망으로 발표한 경우에 흔히 "죽을 쒔다."라고 말해요.</u>

찬밥 더운밥 가리다

어려운 형편에 있으면서 배부른 행동을 하다

비슷한 관용어
- **배부른 흥정**: 되면 좋고 안 돼도 크게 아쉽거나 서운할 것이 없는 흥정.
- 예문 이제 우리 쪽이 다급해졌으니 그들이 배부른 흥정을 시작할 것이다.

아주 추운 겨울, 한 선비가 하인과 함께 꿩 사냥에 나섰어요. 그런데 그날따라 사냥이 영 신통치가 않았어요. 꿩이 잡힐 듯 잡히지 않아 숲속을 헤매다 그만 길까지 잃었지요. 선비와 하인은 무엇보다 배가 고파 견딜 수가 없었어요.

그때 저 멀리에 작은 초가집 한 채가 보였어요.

"선비 어른, 저기 인가가 보이네요. 가서 음식을 좀 얻는 게 좋겠습니다."

선비와 하인은 초가집에 도착했어요.

"배가 너무 고파서 그러는데 남은 음식 좀 얻을 수 있을까요?"

"찬밥이 조금 있긴 한데……."

하인은 찬밥 두 덩이를 얻었어요. 그러나 선비는 영 입맛이 당기지 않았어요.

"한겨울에 찬밥이 웬 말이냐. 목구멍으로 넘어가지도 않겠다."

"그럼 저 혼자 먹겠습니다."

잠시 후, 선비의 배에서 꼬르륵꼬르륵 소리가 났어요. 하인은 선비를 한심하다는 듯 바라보며 다시 한번 권해 보았어요.

"선비 어른, 지금 찬밥 더운밥 가릴 때가 아닙니다. 이거라도 먹어야 살 수 있다고요."

그제야 선비는 못 이기는 척하며 허겁지겁 찬밥을 먹었어요.

<u>우리는 보통 따뜻한 밥을 먹어요. 그렇지만 형편이 여의치 못할 때는 찬밥이라도 고마운 마음으로 먹어야 하지요. '찬밥 더운밥 가리다'는 어려운 처지에 있으면서 허세를 부리는 태도를 나무라는 말이에요. 한마디로 배부른 행동을 하는 걸 비꼬는 말이죠.</u>

초를 치다

한창 잘되어 가는 일에 훼방을 놓다

비슷한 관용어

- **찬물을 끼얹다**: 잘되어 가고 있는 일에 뛰어들어 분위기를 흐리거나 공연히 트집을 잡아 방해하다.

  (예문) 일이 거의 마무리되어 갈 때 그가 갑자기 찬물을 끼얹었다.

세 며느리가 모여 제사 음식을 준비하고 있었어요. 시어머니는 이참에 며느리들의 음식 솜씨를 엿볼 생각을 했어요.

"각자 나물을 하나씩 무쳐 보아라. 제일 맛있게 무치는 사람에게 곳간 열쇠를 넘기마."

첫째 며느리는 고사리를, 둘째 며느리는 도라지를, 셋째 며느리는 시금치를 무치기로 했어요.

세 며느리는 저마다 나물을 무친 뒤 돌아가며 맛을 보았어요. 그런데 질투가 많은 셋째 며느리가 음식 솜씨 좋은 둘째 며느리에게 샘이 나서 도라지나물에 식초를 살짝 뿌리며 말했어요.

"형님, 도라지에서 쓴맛이 나니까 식초를 뿌려 조금 새콤한 맛을 내면 좋겠어요."

"뭐라고? 식초는 넣으면 안 돼!"

둘째 며느리가 말렸지만, 이미 셋째 며느리가 도라지나물에 식초를 뿌리고 난 뒤였어요.

"아니, 왜 다 된 나물에 초를 치고 그러느냐? 제사상에 올리는 나물에는 식초를 안 쓰는 것도 몰라?"

셋째 며느리는 시어머니에게 잔뜩 혼이 났답니다.

'초를 치다'라는 말에서 '초'는 식초를 가리켜요. 식초는 신맛을 낼 때 주로 쓰는 조미료인데, 너무 많이 쓰거나 넣지 말아야 할 음식에 넣으면 음식의 맛을 해쳐 버려요. 이렇게 식초를 넣어 음식의 맛을 버리듯이, 한창 잘되어 가는 일을 방해해 망치는 것을 '초를 치다'라고 표현해요.

한솥밥을 먹다

같은 솥에서 나온 밥을 나누어 먹는 아주 가까운 사이를 이르는 말

비슷한 관용어

- **한배를 타다**: 같은 배를 타고 있으니 같은 상황에 놓여 있다는 뜻으로, 운명을 같이 한다는 말.
- **예문** 우리는 한배를 타고 있으니 그 일을 함께 해내야 해.

오늘은 과거를 보는 날이에요. 김 선비는 아침 일찍 일어나 몸을 깨끗이 씻고 방 안을 둘러보았어요.

'이제 이 방과는 작별이네.'

그동안 김 선비는 과거 공부를 위해 먼 친척뻘 되는 어른 집에서 신세를 지고 있었어요. 김 선비가 길을 떠나려고 봇짐을 둘러멜 때 밖에서 무슨 소리가 들렸어요.

문을 열어 보니 친척 아주머니가 아침상을 들고 있었어요. 김 선비는 미안한 마음에 얼굴을 붉혔어요.

"아니, 이렇게 아침 일찍 밥상을 차려 주시다니……."

"배가 든든해야 과거도 잘 치를 것 아닌가."

"그동안 제가 너무 신세만 졌습니다."

"신세라니. 한솥밥을 먹은 지도 벌써 반년이 넘어서 한 식구나 마찬가지라네."

그 말에 김 선비는 가슴이 뭉클해져서 밥을 먹으며 다짐했어요.

'아주머니, 꼭 과거에 급제해 은혜에 보답하겠습니다.'

옛날에 우리나라에서는 집집마다 커다란 가마솥을 아궁이에 놓고 밥과 국을 해 먹었어요. 그래서 같은 솥에서 나온 밥을 나눠 먹는다는 뜻의 '한솥밥을 먹다'라는 말은 바로 가족을 가리키는 표현이랍니다.

그런데 오늘날에는 그 의미가 점점 넓어져서, 꼭 가족이 아니더라도 같은 직장이나 같은 부서에서 일하는 동료를 '한솥밥을 먹는 사이'라고 해요. 직장 동료도 가족처럼 함께하는 가까운 사이라는 뜻이에요.

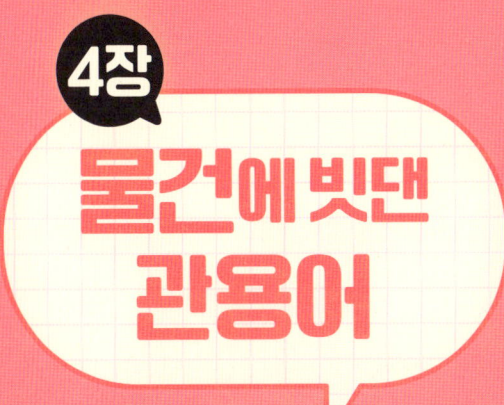

4장
물건에 빗댄 관용어

가면을 벗다

거짓으로 꾸민 모습을 버리고 정체를 드러내다

비슷한 관용어

- **뒤가 드러나다**: 비밀로 하거나 숨긴 일이 나타나거나 알려지다.
  예문 겉과 속이 다른 그의 행동은 결국 뒤가 드러나 질타를 받았다.

백제 분서왕은 춤과 노래를 좋아했어요. 나랏일을 잠깐 쉴 때는 음악을 주로 감상했지요.
　하루는 신하가 분서왕에게 소문을 전했어요.
　"전하, 요즘 백성들 사이에서는 칼춤이 인기가 많다고 합니다."
　분서왕은 그 말에 귀가 솔깃했어요.
　"당장 그 칼춤을 보자꾸나!"
　그래서 왕궁에 칼춤 무대가 만들어졌어요. 분서왕은 설레는 마음으로 공연을 기다렸어요. 드디어 무용수가 가면을 쓰고 나타났어요.
　"오, 대단하군!"
　무용수의 손에 들린 칼에 달빛이 반사되어 눈이 부셨어요. 마치 밤하늘의 은하수가 떠다니는 듯했어요.
　무용수는 현란한 춤사위를 선보이며 분서왕 가까이로 왔어요. 그러더니 칼을 번쩍 들어 올려 분서왕의 가슴을 찔렀어요.
　"으악!"
　분서왕은 바로 쓰러졌고, 궁은 충격에 휩싸였어요. 무용수는 천천히 가면을 벗었어요. 그는 바로 황창랑이라는 사람이었어요. 오래전 백제에 나라를 빼앗기고 복수할 날만 기다려 온 낙랑국 사람이었답니다.
　가면은 얼굴을 감추거나 다른 인물로 보이기 위해 나무나 종이, 흙 따위로 만들어 얼굴에 쓰는 물건이에요. 가면을 쓰면 사람의 본래 얼굴이 보이지 않다가, 벗으면 그대로 드러나지요. 그래서 '가면을 벗다'라는 말은 숨긴 모습을 버리고 진짜 정체를 드러낼 때 쓰게 되었어요.

감투를 쓰다

벼슬자리나 높은 지위에 오름을 속되게 이르는 말

반대되는 관용어

- **옷을 벗다**: 어떤 지위나 자리에서 물러나다.
- (예문) 탈세를 들킨 국회 의원은 결국 옷을 벗었다.

조선 시대에 이관명이라는 암행어사가 있었어요. 이관명은 백성들의 소리에 귀를 기울이는 정직한 사람이었지요. 그런데 어느 날 어떤 섬에서 거둔 세금이 모두 후궁의 주머니로 들어가고 있다는 사실을 알게 되었어요.

이관명은 임금 앞에 나가 당당히 고했어요.

"전하, 통영 아래에 있는 섬이 후궁의 개인 소유가 되는 것은 올바르지 않다고 봅니다."

순간, 임금의 표정이 일그러졌어요.

'내가 후궁에게 준 섬을 감히 지적하다니 괘씸하군.'

옆에 있던 대신들은 이렇게 쑥덕거렸어요.

"이관명이 죽으려고 작정을 했어."

"이제 곧 감투를 벗겠군. 성격이 너무 올곧아도 문제라니까."

그런데 얼마 뒤에 뜻밖의 일이 벌어졌어요.

"이관명을 홍문관 제학으로 임명하라!"

임금이 이관명에게 더 높은 관직의 감투를 쓰게 한 거예요.

그날 임금은 화가 났지만, 이관명의 말을 곰곰이 생각해 봤답니다.

'괘씸하긴 했어도 이관명의 말이 틀리지는 않았어.'

이관명이 충심으로 고했기에 결국 임금의 마음도 움직인 거예요.

감투는 머리에 갖추어 쓰던 의관으로 말총, 가죽, 헝겊 따위로 만들었어요. 주로 벼슬하는 사람만 썼기 때문에 벼슬자리에 오르는 것을 '감투를 쓰다'라고 표현했지요. 예전에는 이 말에 벼슬이나 직위에 오른 것을 약간 비꼬듯 속되게 이르는 의미가 있었지만, 요즘에는 어떤 직책을 맡은 경우를 편하게 일컫는 말로 사용해요.

나사가 풀리다

정신 상태가 해이하다

반대되는 관용어
- **나사를 죄다**: 해이해진 마음을 가다듬고 정신을 다듬다.
- 예문 연진이는 중요한 시험을 앞두고 있어 나사를 죄고 공부에 몰두했다.

"정말 큰일 날 뻔했어."

집으로 돌아온 창선은 가슴을 쓸어내렸어요. 출장 다녀오는 길에 기차를 탔는데, 기차가 그만 탈선을 했거든요. 차체가 뒤흔들려서 사람들은 의자에 부딪히며 크고 작은 부상을 입었지요.

저녁 뉴스에서는 마침 열차 사고 소식이 나왔어요.

"이번 사고의 원인은 정비 불량으로, 작은 나사 장비가 풀렸기 때문인 것으로 확인됐습니다……."

창선은 어이가 없어 혀를 찼어요.

"저 큰 기차가 나사 하나 때문에 사고가 나다니, 도대체 정비를 어떻게 하는 거야. 사람들 정신이 문제야. 다들 나사가 풀렸어."

바로 그때, 뉴스가 나오던 라디오가 지지직 소리를 내며 꺼졌어요.

"갑자기 왜 이러지?"

앞뒤를 살펴보니 라디오를 조립한 나사가 풀려서 전선이 헐거워져 있었어요.

'여기저기 죄다 나사가 풀렸군.'

창선은 느슨해진 나사를 드라이버로 단단히 죄었어요.

나사는 물건을 만들 때 고정하는 역할을 하는 작은 부품이에요. 그런데 나사가 풀리면 이음새가 느슨해져 고장이 나기도 한답니다.

나사가 풀리면 물건이 제 기능을 못하게 되듯이, 사람도 정신 상태가 해이해지면 일을 그르치게 돼요. 그래서 멍하니 있다가 일을 저지르거나, 무엇이든 쉽게 생각하다 큰코다칠 때 "나사가 풀렸다."라고 표현해요.

다리를 놓다

일이 잘되게 하려고 둘 또는 여럿을 연결하다

> 비슷한 관용어
> ○ **다리를 잇다**: 끊어진 관계를 다시 맺어 통하게 되다.
> (예문) 남과 북의 다리를 이어, 두 나라가 평화롭게 지내는 것이 중요하다.

하양도는 작은 섬마을이지만 남부러울 것 없는 곳이었어요. 해풍을 맞고 자라는 채소며 온갖 해산물이 사계절 내내 풍부했지요.

단 한 가지 불편한 점이 있다면 넘쳐 나는 먹거리를 육지에 내다 팔기 어렵다는 거였어요. 육지로 가려면 배를 타야 하는데, 날씨가 궂을 때는 배가 뜨지 않았거든요.

'육지로 쉽게 다닐 수 있게 다리를 놓으면 좋겠어.'

그러나 가까운 육지에 사는 무릉마을 사람들은 다리를 놓는 데 반대했어요. 다리를 놓으면 하양도의 채소와 해산물이 더 잘 팔려서 무릉마을의 돈벌이가 줄어들 거라고 생각했지요.

그때 하양도의 한 청년이 생각했어요.

'바다에 다리를 놓는 것보다 먼저 두 마을 사람들 마음에 다리를 놓아야 해. 서로 의견을 모으지 못하면 소용없어.'

청년은 궁리 끝에 두 마을 대표를 모아 설득했어요.

"다리를 놓으면 두 마을에 다 이득이 됩니다. 하양도 사람들은 육지에 쉽게 와서 물건을 팔 수 있고, 무릉마을은 시장 규모가 커지니 더 많은 사람들이 무릉마을로 몰려올 거예요."

드디어 두 마을 사이에 다리가 생겼어요. 다리를 놓은 뒤로 두 마을은 함께 성장했답니다.

다리는 물을 건너거나 두 장소를 건너다닐 수 있게 만든 시설물인데, 두 지점을 잇는다는 뜻에서 '사람 사이를 이어 주는 상징'으로도 쓰여요. 그래서 '다리를 놓다'라고 하면 실제 다리를 만든다는 뜻도 있지만, 어떤 관계를 이어 준다는 의미로 더 많이 쓰인답니다.

담을 쌓다

서로 사귀던 사이를 끊거나 어떤 일에 전혀 관계하지 않다

비슷한 관용어

- **벽을 쌓다**: 서로 사귀던 관계를 끊거나 어떤 일에 전혀 관계하지 않다.
- **예문** 도일이와 인주는 벽을 쌓고 지낸 지가 꽤 오래되었다.

동쪽 마을과 서쪽 마을은 사이가 좋았어요. 어느 마을에나 먹을 것이 풍족하던 시절에는 말이에요. 그런데 서쪽 마을에 가뭄이 심해지면서 점점 사이가 나빠졌어요.

"요즘 우리 마을 초원의 풀이 영 부족해요."

"서쪽 마을 사람들 때문이야. 자기네 양이랑 소를 끌고 모두 우리 초원으로 넘어온다니까. 우리 소들 먹일 풀도 모자라는데……."

동쪽 마을 사람들은 도저히 안 되겠다며 회의를 열었어요.

"이참에 우리 땅으로 넘어오지 못하게 담을 쌓읍시다."

"그 방법밖에 없겠어요. 이러다 우리 마을의 기름진 초원마저 다 없어지게 생겼어요."

결국 동쪽 마을과 서쪽 마을 사이에 담이 생겼어요. 그러자 서쪽 마을의 소와 양도, 사람들도 더는 넘어오지 못했어요. 담을 쌓은 뒤로는 소식도 뜸해졌어요. 서쪽 마을에 가뭄이 들었는지 동쪽 마을에 홍수가 났는지 관심이 없어져 버렸지요. 담을 쌓으니 가까이 가지 않게 됐고, 서로 사이좋게 오가던 시절도 점점 기억에서 사라졌답니다.

담은 일정한 공간을 둘러막으려고 흙이나 돌 따위로 쌓아 올린 것을 말해요. 담을 쌓으면 같은 공간이던 곳이 안과 밖, 이쪽과 저쪽으로 나뉘지요. 이런 담을 마음속에 쌓으면 어떻게 될까요?

사람과 사람 사이에 담을 쌓으면 마음이 끊어져 서로 서먹해져요. "나 그 친구와 담을 쌓았어."라는 말은 이제 관계하지 않는다는 뜻입니다. "공부와 담을 쌓았어."라는 말은 공부에 관심이 전혀 없다는 뜻이고요. 담을 너무 많이 쌓으면 혼자 고립될 수도 있겠지요.

색안경을 쓰다

좋지 않은 감정이나 선입관을 품다

비슷한 관용어
- **색안경을 끼고 보다:** 주관이나 선입견에 얽매여 좋지 않게 보다.
  (예문) 다문화 가정이라고 하면 사람들은 일단 색안경을 끼고 본다.

처음으로 해외여행을 떠나는 창섭 씨는 들떠 있었어요. 그러나 여행지에 도착해서는 기분이 별로 좋지 않았어요.

"현지 날씨가 좋다고 하더니 뭐 이렇게 흐려?"

첫날부터 날씨가 으스스해 기운이 나지 않았어요. 게다가 왠지 음침해 보이는 가이드 인상이 영 마음에 들지 않았어요.

'가이드를 하는 사람 얼굴이 저렇게 어두워서야……'

그러다 박물관에 들어가니 실내가 어두컴컴했어요.

'박물관도 엉망이군. 이렇게 컴컴하게 해 놓고 어떻게 유물을 감상하라는 거야?'

창섭 씨가 도자기 유물을 한참 들여다보고 있자 같이 여행하는 한 남자가 넌지시 말했어요.

"선글라스는 벗으셔야 도자기 색이 제대로 보일 텐데요."

그제야 창섭 씨는 집에서 나올 때부터 회색 선글라스를 끼고 있었다는 사실을 깨달았어요.

선글라스를 벗자 조명을 환히 밝힌 박물관 내부와 도자기의 고운 빛깔이 드러났어요.

'내가 여태 색안경을 쓴 줄도 모르고 투덜대기만 했구나.'

그제야 창섭 씨는 속으로 남 탓만 한 자신을 반성했답니다.

<u>붉은색 안경으로 보면 세상이 붉게 보이고, 검은색 안경으로 보면 세상이 어둡게 보여요. 사람은 자기가 낀 색안경의 색깔대로 세상을 바라보곤 하지요. '색안경을 쓰다'는 자기 눈으로 본 대로만 믿고 들은 대로만 생각할 때 쓰는 말이에요. 좋지 않은 감정이나 선입관을 품고 본다는 부정적인 의미가 강하지요.</u>

쐐기를 박다

뒤탈이 없게끔 미리 단단히 다짐을 두다

'쐐기를 박다'의 다른 뜻

○ **쐐기를 박다:** 남을 이간하기 위하여 훼방을 놓다.

예문 그 여자는 우리 둘 사이에 쐐기를 박으려 했다.

(쐐기는 물건과 물건을 더 단단히 연결하는 역할을 하지만 물건과 물건 사이를 벌릴 때도 쓴다. 그래서 '쐐기를 박다'에는 두 사람 사이를 갈라놓는다는 뜻도 있다.)

지웅이 할아버지는 한옥을 짓는 장인이에요. 지웅이는 할아버지를 자주 볼 수 없어요. 할아버지는 기술이 워낙 뛰어나서 찾는 사람이 많기 때문에, 전국을 돌아다니며 집을 지었지요.

그러던 할아버지가 드디어 지웅이와 오래 지낼 수 있게 됐어요. 할아버지가 지웅이 가족이 살 한옥을 지어 주기로 했거든요.

커다란 나무를 톱질하고 대패질하고 끌로 다듬는 할아버지의 손길은 쉴 틈이 없었어요. 저 나무판자들이 하나하나 쌓여서 집이 만들어진다니 정말 신기했어요.

"이건 기둥으로 쓸 나무야. 저건 대들보로 쓸 나무고."

마룻대가 올라가고 집 모양이 그럴듯하게 보일 무렵, 할아버지는 브이(V) 자 모양의 작은 나무 조각을 만들었어요.

"할아버지, 그렇게 작은 나무 조각은 왜 만드세요?"

"이건 '쐐기'라고 한단다. 요놈이 크기는 작아도 아주 대단한 역할을 하지. 마루의 네 귀퉁이를 봐라. 작은 틈새가 보이지? 저 사이에 쐐기를 박아 넣으면 나무가 틀어지지 않는단다."

할아버지가 작은 쐐기를 나무 틈새에 박았어요. 나무 이음새 부분이 정말 더 단단해진 듯했어요. 몇백 년을 살아도 끄떡없을 집이 만들어진 거예요.

물건끼리 연결할 때 연결 부분을 더 단단하게 고정하기 위해 박아 넣는 것을 '쐐기'라고 해요. 이음매에 쐐기를 박으면 꽉 맞물려서 빠지거나 움직이지 않지요. 그래서 어떤 일을 결정할 때 나중에 딴소리가 나오지 않게 분명히 하는 것을 "쐐기를 박는다."라고 해요. 뒤탈이 없게 미리 단단히 다짐을 둔다는 뜻이죠.

첫 단추를 끼우다

새로운 일을 시작하다

비슷한 관용어

○ **첫발을 떼다**: 어떤 일이나 사업의 시작에 들어서다.
(예문) 지난봄에 소영이는 사회생활의 첫발을 떼었다.

드디어 첫 출근 날. 김미남 씨는 입사 시험에 합격한 기념으로 아버지가 만들어 준 옷을 꺼냈어요. 긴장한 탓인지 잠을 설쳐 늦잠을 자는 바람에 마음이 바빴어요. 김미남 씨는 헐레벌떡 셔츠 단추를 채우고 마지막으로 소매 단추를 채웠어요. 가장 잘 어울리는 넥타이도 매고 서류 가방을 들었지요.

거울에 비친 자기 모습에 흡족해하며 현관문을 나설 때, 어머니가 황급히 불렀어요.

"얘야, 잠깐만!"

"저 바빠요, 엄마. 지금 나가야 해요!"

"바빠도 옷은 바로 입어야지. 첫 단추를 잘못 끼웠는데, 그것도 몰랐어?"

어머니 말에 거울을 다시 보니 단추를 잘못 끼워 한쪽 깃이 위로 비쭉 솟아 있었어요. 어쩐지 옷이 좀 불편한 느낌이었지요.

"봐라. 첫 단추를 잘못 끼우니 전부 엉망이 되잖니. 첫 단추처럼 일도 첫 시작이 중요하다는 거 잊지 마라."

김미남 씨는 마음을 다잡고 회사로 달려갔어요. 아버지가 만들어 준 멋진 옷을 입고 첫날부터 지각할 수는 없잖아요.

새로운 일을 시작할 때 사람들은 보통 새 옷을 입고 단추를 끼우며 각오를 다지곤 해요. 그래서 어떤 일을 시작할 때 '첫 단추를 끼우다'라는 표현을 비유적으로 쓰게 됐어요. 첫 단추는 말 그대로 옷을 입을 때 단추를 잘 채워야 하는 시작점을 가리키기도 하지만, 새로 시작하는 일이나 과정을 뜻하기도 해요.

트집을 잡다

공연히 조그만 흠집을 들춰내거나 없는 흠집을 만들어 문제를 일으키다

> **비슷한 관용어**
> ○ **딴죽 걸다**: 이미 동의하거나 약속한 일에 딴전을 부리는 태도를 비유적으로 이르는 말.
> (예문) 친구가 오늘 돈을 갚기로 했는데, 이제 와서 딴죽을 걸었다.

"갓 하면 통영갓이라고 하더니, 확실히 다르네! 올이 촘촘하고 챙 모양이 잘 잡혔어."

이 선비는 새로 산 갓이 무척이나 마음에 들었어요.

바로 그때, 갑자기 바람이 불어와 갓이 담장 너머로 휭 날아가더니 나뭇가지에 걸려 흠이 나고 말았지요.

이 선비는 찢어진 갓을 들고 당장 안성으로 향했어요. 안성은 최고의 갓 수선공이 모여 있는 곳으로 유명했거든요.

"나뭇가지에 찢겼군요."

수선 장인이 갓을 살피며 말했어요. 그러고는 흠이 난 곳을 아주 꼼꼼히 들여다봤어요.

"여기 아주 미세하게 틈이 벌어졌네요. 여기랑 여기도요. 수선비가 꽤 나오겠습니다."

"예끼, 이 사람아! 새로 산 갓인데 무슨 트집을 그리 잡나?"

"트집을 잡다니요? 제 눈에는 수선할 틈이 다 보입니다요."

이 선비는 울며 겨자 먹기로 수선을 맡겼어요. 그렇지만 수선공이 갓 사이사이로 벌어진 틈을 어찌나 잘 잡아내는지, 수선비는 많이 들었어도 갓은 정말 새것처럼 멀쩡해졌어요.

한 덩이가 되어야 할 물건이나 한데 뭉쳐야 할 일이 벌어진 틈을 '트집'이라고 해요. 갓의 미세한 트집을 잘 찾아내 수선하는 것처럼, 어떤 물건이나 일의 조그마한 흠이라도 들추어내는 것을 '트집을 잡다'라고 하고요. 오늘날에는 작은 일에도 꼬투리를 잡아 공연히 괴롭힌다는 부정적인 의미로 쓰이고 있어요.

판에 박다

생김새나 성격 따위가 아주 꼭 닮다

비슷한 관용어
- **빼다 박다**: 모양이나 상황 따위가 비슷하다.
- **예문** 효영이는 제 아빠를 빼다 박았다.

"하루 이틀 사흘……. 아직 일주일이나 남았네."

수정이가 혼잣말을 하자 할머니가 물었어요.

"우리 예쁜 손녀가 무슨 날을 그렇게 기다릴까?"

"아빠가 오는 날요. 할머니가 그날 다식 만든다고 하셨잖아요!"

수정이 말에 할머니는 배꼽을 잡고 웃었어요.

"이 녀석! 아빠보다 다식을 더 기다리는 게냐?"

드디어 아빠가 집에 오는 날이 되자 할머니는 다식판으로 다식을 만들었어요. 노란 송홧가루에 꿀을 섞어 다식판에 꾹꾹 눌렀다 떼어 내니, 노란색 꽃 모양 다식이 만들어졌어요. 초록빛 녹차 가루에 꿀을 섞어 다식판에 누르니, 초록색 꽃 모양 다식이 만들어졌고요.

수정이가 그새를 못 참고 노란색 다식 하나를 집어 입에 쏙 넣었어요. 할머니가 웃으며 말했어요.

"세상에, 다식 좋아하는 것도 웃는 것도 어쩜 저렇게 아비랑 똑같을까. 정말 판에 박았다니까, 하하."

우리 조상들이 먹던 간식 중에 '다식'이라는 게 있어요. 녹말, 콩가루, 송홧가루 등을 꿀에 반죽한 뒤 다식판에 박아서 만들지요. 이렇게 판에 찍어서 만드니 어떤 재료가 들어가든 모양이 똑같답니다. 요즘에 흔히 먹는 붕어빵처럼 말이죠.

이처럼 물건 여러 개가 모양이 똑같거나 거의 비슷할 때 '판에 박다'라고 했어요. 이 말은 뜻이 점점 더 넓어져서, 부모와 자식처럼 얼굴이나 성격 따위가 닮았을 때 또는 예술 작품이 서로 비슷할 때도 '판에 박다'라는 표현을 많이 써요.

풀이 죽다

풀기가 빠져서 빳빳하지 않게 되다

> **비슷한 관용어**
> ○ **어깨가 처지다**: 바라던 일이 뜻대로 안 되어 마음이 상하고 기가 꺾이다.
> (예문) 박 과장은 이번에 승진하지 못한다는 소식을 듣고 어깨가 축 처졌다.

소만이 엄마는 며칠 내내 정성 들여 짠 삼베를 흐뭇하게 바라보았어요. 평소 조금 거칠게 짜던 삼베와는 달리 결이 무척 고왔지요.

"올여름 우리 소만이가 입을 옷을 지어야지. 다음 달에 옆 마을 규수와 맞선을 보기로 했으니까."

소만이 엄마는 곱게 짠 삼베에 좁쌀로 쑨 풀을 먹였어요. 풀을 천천히 삼베에 바르고 또 천천히 말렸어요. 풀을 먹인 삼베 천이 어느새 빳빳해졌어요.

다음 달, 소만이는 엄마가 만든 삼베옷을 멋지게 차려입고 맞선을 보러 나갔어요. 그런데 잠시 후, 소만이가 땀을 뻘뻘 흘리며 집으로 돌아왔어요. 풀 먹인 삼베옷은 땀에 젖어 후줄근해져 있었고요.

엄마는 깜짝 놀라 물었어요.

"아니, 왜 벌써 오니? 옷은 왜 벌써 풀이 죽었고?"

"동구 밖을 나서는데 감나무집 어르신이 소가 도망갔다고 좀 잡아 달라고 하셔서……."

소만이 엄마는 어이가 없어 웃음을 터뜨리며 말했어요.

"그래서 소는 찾았어? 소만 찾을 게 아니라 네 짝도 찾아야지. 얼른 새 옷으로 갈아입어라. 우리 아들 옷이 풀이 죽어서는 안 되지."

'풀이 죽다'라는 말에서 '풀'은 식물이 아니라, 쌀이나 밀가루 따위로 만든 끈끈한 물질을 말해요. 옛날에는 이 풀을 발라 종이를 붙이거나 옷을 빳빳하게 만들었어요. 풀을 먹인 옷이나 종이는 시간이 흐르거나 물에 젖으면 풀기가 빠져서 후줄근해지고 볼품이 없어져요. 그래서 사람이 기운이 없고 기세가 꺾인 모습을 '풀이 죽다'라고 표현한답니다.

허리띠를 졸라매다

검소한 생활을 하다

반대되는 관용어
- **허리띠를 풀다**: 안심이 되어 긴장을 풀고 마음을 편안하게 놓다.
  (예문) 전쟁이 끝나자 허리띠를 풀고 밥을 먹을 수 있었다.

어느 마을에 아주 가난한 남매가 살았어요. 몇 년 동안 흉년이 이어져 배가 등가죽에 붙을 지경이었지요. 먹은 것이 없으니 허리가 가늘어져서 남동생의 바지는 줄줄 흘러내렸어요.

'허리띠를 더 졸라매야겠군.'

남동생은 바지춤을 추스르며 허리띠를 졸라맸어요.

그러던 어느 날, 누나가 어느 집 가사도우미로 일하게 되었어요. 밥은 굶지 않게 된 누나는 자나깨나 동생 걱정뿐이었지요. 누나는 자기 몫의 음식 대부분을 동생에게 주려고 몰래몰래 챙겼어요.

"아니, 밥은 충분히 주는 것 같은데 넌 왜 그렇게 야위어 가니?"

주인이 묻자 누나는 솔직하게 말했어요.

"실은 밥을 굶는 동생 생각에 밥을 먹지 않고 따로 싸 놓았어요."

그 말에 감동한 주인은 애처로운 눈빛으로 말했어요.

"내일 동생을 여기로 불러서 밥을 실컷 먹이렴."

이튿날, 누나는 동생을 데려와 밥을 차려 줬어요. 동생은 눈앞에 차려진 진수성찬을 보고 졸라맸던 허리띠를 부리나케 풀었어요. 그래야 배 터지게 먹을 수 있을 테니까요.

허리띠는 바지나 치마가 흘러내리지 않게 허리 부분에 둘러매는 띠예요. 먹지 못해서 배가 홀쭉해지면 허리띠를 바짝 졸라매야 하의가 흘러내리지 않지요. 그래서 '허리띠를 졸라매다'라는 말은 형편이 좋지 않아 돈을 아껴 가며 검소한 생활을 할 때 쓰는 말이 되었답니다.

5장 자연에 빗댄 관용어

가시가 돋다

공격할 의도나 불평, 불만이 있다

> **비슷한 관용어**
> ○ 뼈가 있다: 말이나 글에 어떤 저의나 비판적인 생각이 들어 있다.
> (예문) 형의 말에는 언제나 뼈가 있다.

박 씨 옆집에 김 씨가 새로 이사를 왔어요. 김 씨는 이전 주인이 둘러놓은 싸리나무 담장을 다 없애고 탱자나무 담장을 둘렀어요. 탱자나무는 꽃은 예쁘지만 가시가 너무 커서 찔리면 많이 아프지요.

박 씨는 옆집을 지나가다 담장 너머로 김 씨와 인사했어요.

"탱자나무를 심으셨군요."

"네. 혹시 이웃에 도둑이라도 살지 누가 압니까."

박 씨는 김 씨의 대답에 기분이 나빠졌어요. 자기를 마치 도둑 취급하는 것 같았거든요.

'말에 가시가 돋았군. 좋은 사람은 아닌 것 같아.'

이튿날, 박 씨는 부인이 부친 전을 들고 김 씨 집에 갔어요. 이웃이니까 나눠 먹으려고요. 그러자 김 씨는 떨떠름하게 말했어요.

"남의 음식은 먹지 않습니다. 음식에 뭐가 들어갔을지 몰라서요."

박 씨는 기분이 확 상해 버렸어요. 김 씨가 하는 말에는 가시가 돋아 마음을 콕콕 찌르는 것 같았어요. 박 씨가 집으로 돌아가 그동안 있었던 일을 얘기하자 부인은 이렇게 말했어요.

"우리가 이해해 줘요. 그분 말에 가시가 돋은 건 억울한 일을 겪어서 그래요. 부모님이 역적으로 몰려 사람들에게 해코지를 당했대요."

박 씨는 부인의 말에 고개를 끄덕였어요. 김 씨의 가시 돋친 말이 언젠가는 부드러워질 때가 오리라 믿었어요.

<u>물고기의 잔뼈나 식물 줄기에 뾰족하게 돋은 가시에 찔리면 엄청 아파요. 그런데 사람의 말도 너무 날카롭고 신경질적이면 상대방을 아프게 할 수 있어요. 그래서 '말에 가시가 돋다'라는 표현이 생겨난 거랍니다.</u>

꽃을 피우다

어떤 일이나 현상이 무르익거나 번성하다

비슷한 관용어

- **열매를 맺다**: 노력한 일의 성과가 나타나다.
  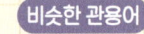 지영이는 열심히 공부하여 최종 합격이라는 열매를 맺었다.

신사임당의 부모님은 조금 남다른 면이 있었어요. 신사임당에게 언제나 이렇게 말했죠.

"여자도 교육을 받아야 해. 책 속에 길이 있으니 책과 붓을 늘 가까이하거라. 무엇이든 씨앗을 심고 가꾸면 꽃을 피우는 날이 온단다."

신사임당은 부모님 말씀을 마음에 새겨 늘 책을 읽고 그림을 그렸어요. 조선 시대 양반 여성들은 바깥출입이 자유롭지 못해 주로 집 안에 있었지만, 그런 환경이 신사임당의 의지를 꺾지는 못했어요.

신사임당은 집 안에서 피는 꽃도 나무도 벌레도 허투루 보지 않았어요. 주변의 작은 생명도 귀하게 보고 화폭에 옮겼지요.

"어머니, 닭이 그림 속 벌레를 콕콕 쪼고 있어요."

어느 날, 신사임당의 딸이 그림을 가리키며 웃었어요. 신사임당이 그린 그림들은 정말 실제 같아서, 꽃을 그리면 나비가 날아들고 벌레를 그리면 닭이 찾아왔답니다.

드디어 신사임당의 능력을 알아주는 사람들이 하나둘 늘었어요.

"신사임당의 그림은 마당에 있는 평범한 풀과 곤충들도 그림의 주인공이 될 수 있다는 점을 깨쳐 주었소."

조선 시대 한 여성의 예술적 재능이 비로소 꽃을 피운 거예요.

꽃은 생각보다 쉽게 피지 않아요. 씨앗이 땅을 뚫고 나와 햇빛을 받고 비바람에도 견딜 만큼 자란 뒤에야 비로소 꽃이 피지요.

사람의 노력도 이와 같아요. '꽃을 피우다'라는 말은 식물이 힘들게 꽃을 피우듯이, 사람이 하는 일도 긴 시간을 거친 끝에 비로소 무르익거나 번성한다는 뜻이랍니다.

날개를 펴다

생각, 감정, 기세 따위를 힘차게 펼치다

> **비슷한 관용어**
>
> ○ **활개를 치다**: 두 팔을 힘차게 앞뒤로 어긋나게 흔들며 걷는 모습을 가리키는 말. 의기양양하게 행동하거나 마치 제 세상 만난 듯이 함부로 거들먹거리는 모습을 뜻한다.
>
> 예문 민수는 자기 동네에서는 제법 활개를 치고 다닌다.

기옥은 열일곱 살 때 우연히 공중 곡예를 하는 비행기 쇼를 봤어요. 비행기는 기옥의 심장을 뛰게 만들었어요.

'나는 비행기 조종사가 될 테야. 하늘 높이 나는 저 비행기를 타고야 말 거라고!'

일제 강점기인 그 시절에 여성이 비행기 조종사가 된다는 건 거의 불가능한 일이었어요. 그러나 기옥은 포기하지 않고 중국으로 건너가 남자들도 들어가기 어렵다는 윈난 항공 학교에 입학했습니다.

"여자가 무슨 비행사를 하겠다고! 쌀가마도 제대로 들지 못하는 체력으로 무슨 비행기를 몰아?"

남학생들이 의심의 눈빛을 보내고 조롱했지만 기옥은 아랑곳하지 않았어요. 강인한 체력을 기르기 위해 열심히 운동을 하고, 기술 공부도 게을리하지 않았어요.

드디어 항공 학교를 졸업하고 처음으로 비행기를 조종하는 날, 기옥은 심장이 터질 것 같았어요.

'드디어 날았어! 날아올랐어!'

기옥은 10여 년에 걸쳐 1300시간 동안 비행했어요. 새가 날개를 펴고 하늘 높이 날아오르듯, 기옥의 꿈도 날개를 펴고 멋지게 날아올랐지요.

비행기가 하늘을 날아오르는 모습이나 커다란 새가 날개를 활짝 펴고 날아오르는 모습에서는 힘찬 기세가 느껴져요. 사람이 자기 생각이나 꿈을 펼치기 위해 나아가는 모습 또한 마찬가지예요. 그래서 위축되지 않고 당당하게 꿈을 펼치는 모습을 '날개를 펴다'라고 표현한답니다.

떠오르는 별

어떤 분야에 새로 등장한 뛰어난 사람

비슷한 말
- 샛별: 유독 반짝이는 금성을 일상적으로 이르는 말로, 장래에 크게 발전할 만한 사람을 가리킨다.
- 예문 그 뮤지컬 배우는 한 작품을 통해 뮤지컬계의 샛별로 떠올랐다.

조선 시대 현종 임금은 천문학에 관심이 많았어요.

'요즘 부쩍 하늘에 갑자기 나타났다 사라지는 별이 많아.'

우리 조상들은 이런 별이 자주 보이면 나라에 좋지 않은 일이 생긴다고 믿었어요. 그래서 별들의 다양한 현상을 관찰하고 연구했지요.

현종은 천체 지식이 많은 과학자 송이영을 불렀어요.

"요즘 하늘의 움직임이 예사롭지 않다. 갑자기 엄청나게 밝아지는 별이 너무 많아. 새롭게 떠오르는 저 별들은 도대체 무엇일꼬?"

현종은 송이영에게 별을 연구하고 그 움직임을 밝혀내 시각을 자동으로 알려 주는 시계를 만들어 보라고 명령했어요.

송이영은 현종의 명령에 가슴이 뛰었어요. 인간에게 하늘은 알기 어려운 신비한 세계였고, 송이영은 학자로서 호기심이 많았죠.

송이영은 하늘의 질서를 밝히고 천문 시계를 만드는 데 온 힘을 쏟았어요. 몇 년 뒤, 송이영은 서양식 톱니바퀴가 맞물린 '혼천의'라는 자명종을 만들었어요. 떠오르는 별들을 보며 천체를 연구한 송이영 자신이 조선의 과학 역사에 '떠오르는 별'이 된 거예요.

별은 멀리 있지만 먼 옛날부터 인간의 생활 속 깊숙이 들어와 있었어요. 사람들은 밤하늘의 별을 보며 방향을 가늠하고 계절의 변화를 알아냈지요.

우리 조상들은 새로운 별을 발견하면 새로운 인물이 탄생할 거라고 생각했어요. 별을 어떤 징조로 여겼기 때문이에요. 그래서 어떤 분야에 새로 등장해 두각을 나타내는 사람을 '떠오르는 별'이라 부르게 되었답니다.

뜬구름 잡다

막연하거나 허황된 것을 좇다

비슷한 관용어

- **바람 잡다**: 허황된 짓을 꾀하거나 그것을 부추기다.
  (예문) 옆에서 자꾸 바람을 잡아 결국 필요 없는 물건을 사고 말았다.

중국의 진시황이 죽은 뒤, 곳곳에서 농민들이 반란을 일으켰어요. 만리장성을 쌓는 일에 끌려간 농민들은 고된 노동에 지쳐 더는 견딜 수가 없었지요.

"여기서 일하다 죽으나 싸우다 죽으나 똑같습니다. 우리 모두 싸웁시다! 왕이나 귀족으로 태어나는 씨가 따로 있답니까!"

진승은 배운 것 없는 농민 출신이었어요. 그러나 세상을 바꾸고 싶다는 생각에 나라에 반기를 들었어요.

농민 수백 명이 뜻을 같이하며 세력을 키운 덕분에, 진승은 가는 곳마다 기세를 올렸어요. 나무를 베어 무기로 삼고 장대를 높이 세워 깃발로 삼은 어설픈 군대였지만, 사람들이 구름처럼 모여들었어요.

진승은 하늘을 올려다보며 다짐했어요.

'큰 구름이 모여 폭풍우를 일으키고 폭풍우가 물을 뒤엎는다. 나는 반드시 이 세상을 뒤엎고 새로운 세상을 만들 테다.'

그러나 진승의 꿈은 더 자라지를 못했어요. 큰 군대를 이끌 지혜와 권위가 부족하여 그에게 복종하지 않는 부하가 점점 늘어났지요. 결국 진승은 자기 부하에게 죽임을 당했습니다.

진승은 죽어 가며 순식간에 사라지는 하늘의 구름을 보았어요.

'삶이 구름처럼 덧없구나. 내 꿈은 뜬구름을 잡는 것이었을까.'

구름은 하늘 높이 떠 있어 높은 지위를 꿈꾸는 사람의 욕망이나 이상향을 상징하기도 해요. '뜬구름 잡다'라는 말은, 하늘에 떠 있는 구름은 언제든 변하거나 사라질 수 있는 것이라 그 구름을 잡으려는 행동은 너무 막연하고 허황되다는 뜻이에요. 한마디로 '쓸데없는 짓'이라는 뜻이기도 하지요.

물 만난 고기

어려움에서 벗어나 활동하기 좋은 판을 만난 처지

> **비슷한 관용어**
> ○ **멍석을 깔다**: 하고 싶은 대로 할 기회를 주거나 마련하다.
> 예문 감독이 멍석을 깔아 주니 배우들이 멋진 연기를 펼쳤다.

상정은 그림 그리는 관청인 도화서에 들어가는 게 꿈이었어요. 도화서 화원으로 뽑히면 평생 그림을 그리면서 먹고살 수 있으니까요.

오늘도 상정은 붓과 먹, 종이를 들고 밖으로 나갔어요. 저수지 한쪽에 있는 널찍한 바위에 자리를 잡고 앉았는데, 저쪽 물가에서 이상한 소리가 들렸어요.

'탁탁!'

물가로 가 보니 붕어 한 마리가 팔딱거리고 있었어요. 저수지 물이 갑자기 빠지는 바람에 물속으로 돌아가지 못한 거예요. 상정은 땅에서 파닥거리는 붕어를 얼른 저수지에 던져 주었어요.

'첨벙!'

붕어는 죽은 듯 가만히 있더니 곧 기운을 얻고 상정에게 고맙다는 듯 꼬리를 흔들며 물속으로 사라졌어요.

"역시 고기는 물에서 살아야지. 난 언제쯤 물 만난 고기처럼 내 꿈을 펼칠 기회를 만날까."

상정은 마음을 가다듬고 그림을 그렸어요. 그런데 그날 물고기를 구해 줘서 하늘이 선물을 내린 걸까요? 상정에게 기쁜 소식이 찾아왔어요. 상정이 화원 시험에 합격한 거예요. 이제 상정의 꿈을 펼칠 수 있게 되었죠.

물고기가 물 밖으로 나오면 오래 살 수 없어요. 그렇지만 다시 물에 들어가면 생기를 찾고 팔딱팔딱 힘차게 헤엄치지요.

사람도 마찬가지예요. 자기가 일하기 좋은 환경을 만나면 더욱 힘이 나서 생기가 돌고 의욕적으로 일하게 되지요. 그래서 '물 만난 고기'라는 표현이 생겼답니다.

물불을 가리지 않다

위험이나 곤란을 고려하지 않고 막무가내로 행동하다

> **비슷한 관용어**
> ○ **앞뒤 가리지 않다**: 신중히 이것저것 생각하지 않고 마구 행동하다.
> (예문) 철수는 위급한 상황이 생기면 앞뒤 가리지 않고 달려든다.

어느 마을에 소금 장수가 살았어요. 소금 장수에게는 아들이 하나 있었는데, 일을 물려주고 싶었지만 장사 수완이 없는 듯했어요. 소금 장수는 걱정 끝에 아들에게 장사를 가르쳐야겠다 생각했어요.

"너도 다 컸으니 네 힘으로 소금을 팔고 오너라."

아들은 소금 한 짐을 들고 팔러 나갔어요. 그런데 도착한 어느 마을에 물난리가 났어요. 개천이 금세 불어날 판이라 얼른 사람들을 구해야 했지요. 아들은 소금가마를 내팽개치고 노인과 아이를 업어 개천 건너로 피신시켰어요. 이 모습을 본 마을 사람들은 감동했어요.

"에구, 자기 소금이 다 녹는데도 사람 먼저 구하는구먼."

아들은 텅 빈 소금가마를 지고 집으로 돌아올 수밖에 없었어요. 아버지는 한숨을 내쉬며 다시 소금 한 짐을 팔고 오라고 했어요.

그런데 아들이 이번에 간 마을에서는 큰 화재가 나 마을이 불에 타고 있었어요. 아들은 불난 곳에 소금을 쏟아부어 불길을 잡았지요.

"에구, 비싼 소금을 불 끄는 데 다 써 버렸네."

그러나 아들의 이런 선행이 전해져 소금 가게는 날로 번창했어요. 손님들은 가게를 찾아와 이렇게 말했답니다.

"아드님을 잘 두신 덕입니다. 우리가 어려울 때 아드님이 물불 가리지 않고 도와줬으니 이제는 우리가 도울 차례이지요."

'물불'은 물과 불을 아울러 이르는 말이에요. 그런데 사람에게 닥칠 수 있는 대표적인 어려움이 물난리, 불난리예요. 그래서 위험이나 어려움을 가리지 않고 막무가내로 행동하거나 닥치는 대로 일을 밀고 나갈 때 "물불을 가리지 않는다."라고 말해요.

불 보듯 뻔하다

앞으로 일어날 일이 의심할 여지가 없이 분명하다

> **관련 한자어**
> ○ **명약관화**(明若觀火) : 불을 보듯 분명하고 뻔함.
> (예문) 저렇게 공부를 안 하고 놀기만 하니 시험에 떨어질 것이 명약관화하다.

조선 선조 임금 때, 왜구가 조선을 쳐들어왔어요. 왜구가 너무 순식간에 침략하는 바람에 선조는 서쪽으로 급히 피란을 가야 했지요. 이때 이광정이라는 궁정 사서도 선조와 함께 피란 행렬에 끼었어요. 그런데 피란 행렬은 나루터 앞에서 멈추고 말았어요.

"날이 캄캄해졌습니다. 밤에 이리 큰 강을 건너는 건 위험합니다."

임금을 지키는 군대와 피란 행렬은 어떡해야 할지 몰라 갈팡질팡했어요. 그때 이광정의 하인이 갑자기 말고삐를 버리고 어디로 달려갔어요. 이광정은 하인이 도망간 줄 알고 탄식했어요.

"강을 못 건넌다 하니 저 혼자 살자고 달아났구나. 괘씸한 놈!"

그런데 잠시 후, 근처 갈대밭에서 불이 솟구치더니 양쪽 언덕이 대낮처럼 환해졌어요. 알고 보니 이광정의 하인이 부싯돌로 갈대밭에 불을 내서 언덕 위의 빈집까지 번지게 한 거예요.

"누가 이런 생각을 했을까? 불이 일어나니 주변이 대낮처럼 훤히 다 보이는구먼!"

주변이 밝아지자 강 근처의 나룻배들이 비로소 보였어요. 덕분에 선조의 피란 행렬은 무사히 강을 건널 수 있었죠.

훗날 이광정은 하인의 공을 칭찬하며 노비 문서를 없애 주었어요. 그러나 하인은 평생 이광정을 모시고 함께 살았다고 해요.

어둠 속에서 불을 켜면 주변이 환해지고 근처에 있는 물건들이 잘 보여요. 그래서 앞으로 어떤 일이 일어날지 의심할 여지 없이 아주 분명하게 잘 안다는 의미로 '불 보듯 뻔하다'라는 말이 생겨났답니다.

빛을 보다

업적이나 보람 따위가 드러나다

> **비슷한 관용어**
> ○ **빛을 발하다**: 제 능력이나 값어치를 드러내다.
> (예문) 훌륭한 선생님을 만난 뒤, 그의 재능이 빛을 발하기 시작했다.

고려 왕 명종은 어느 날 백성들의 삶을 살펴보려고 궁궐 밖으로 나갔어요. 날이 저물어 주막에 묵으러 가는 길에 명종은 근처 외딴집에서 이상한 글귀를 보았어요.

'나에게는 개구리가 없으니 인생의 한이로다.'

명종이 하도 궁금해 주막 주인에게 물어보니 이렇게 대답했어요.

"외딴집에 사는 이규보라는 선비가 쓴 문장입니다. 과거에 세 번 낙방한 뒤로 집에서 책만 읽는다더군요."

명종은 이규보를 찾아가 개구리 이야기에 대해 물었어요.

"옛날에 노래 잘하는 꾀꼬리와 노래 못하는 까마귀가 살았습니다. 둘이 노래 대회에 나갔는데 까마귀가 이겼답니다. 까마귀가 심판 백로에게 잘 봐달라고 개구리를 뇌물로 줬다지 뭡니까."

명종은 그 얘기를 듣고 빙그레 웃으며 말했어요.

"그러니까 자네도 뇌물로 아부하는 인간들 때문에 시험에서 억울하게 떨어졌다는 말이로군."

명종은 이규보와 이야기를 나누면서 그의 지식에 크게 감탄했어요. 그리고 책이 가득한 이규보의 방을 둘러보며 말했지요.

"열심히 책을 읽으면 언젠가 세상에 쓰일 날이 오기 마련이지. 지금은 온통 어둠 속에 있는 듯하겠지만 곧 빛을 볼걸세."

훗날 명종은 이규보를 불러 벼슬을 주었어요. 세상을 원망하며 산속에 숨어 살던 이규보가 드디어 빛을 보게 된 거예요.

일이 잘 풀리지 않으면 어둠 속에 갇힌 듯한 느낌을 받아요. '빛을 보다'라는 말은 그렇게 암울한 처지를 벗어나 비로소 자신의 능력이나 값어치를 인정받게 된다는 뜻이에요.

뿌리를 뽑다

어떤 것이 생겨나 자랄 수 있는 근원을 없애 버리다

> **비슷한 관용어**
> ○ **싹을 자르다**: 새로 시작하는 것을 처음부터 막거나 아예 없애다.
> 예문 범죄의 싹을 자르지 않으면 앞으로 무슨 일이 일어날지 모른다.

어느 시골 마을에 새로운 사또가 발령받아 내려가는 길이었어요.

"이런 촌구석으로 가다니! 사람은 큰물에서 놀아야 하는데."

말을 타고 가면서 사또는 계속 구시렁댔어요. 그런데 사또가 말 위에서 잠깐 조는 사이, 말이 그만 산길에서 꽈당 넘어졌어요.

"어이쿠, 사또 나리. 괜찮으십니까?"

함께 가던 부하들이 놀라 사또의 몸을 일으켰어요. 사또는 화가 머리끝까지 났지요.

"멀쩡한 말이 왜 넘어졌느냐! 누가 일부러 그런 거 아니냐!"

부하들은 말이 왜 넘어졌는지 주변을 살폈어요. 그건 바로 칡 때문이었어요. 주변에 유독 칡넝쿨이 많았는데, 여기저기로 뻗은 칡넝쿨에 말굽이 걸린 거예요.

사또는 부들부들 떨며 부하들에게 명령했어요.

"내가 지나온 길 일대에 있는 칡이란 칡은 모조리 뿌리를 뽑아 버려라. 이런 일이 또 일어나면 그때는 반드시 책임을 묻겠다!"

부하들과 마을 사람들은 눈에 불을 켜고 칡을 모조리 뽑았어요. 다시는 칡이 나지 못하게 아예 뿌리까지 뽑아 버렸죠.

그 뒤로 그 마을에서는 칡넝쿨을 볼 수가 없었어요. 그 때문에 마을 사람들은 비만 오면 산사태가 날까 봐 마음을 졸여야 했어요.

식물의 뿌리는 땅속에서 물과 양분을 빨아들이는 일을 해요. 생명의 근원이나 마찬가지인 뿌리를 뽑으면 식물은 죽고 말지요. 뿌리의 이런 개념은 점점 더 확장되어 어떤 사물이나 현상의 근본을 통틀어 가리키게 됐어요. 그래서 '뿌리를 뽑다'라는 말은 어떤 것이 생겨나고 자랄 수 있는 근원을 아예 없애 버린다는 뜻이에요.

약이 오르다

비위가 상하여 언짢거나 은근히 화가 나다

> **비슷한 관용어**
> - **입맛이 쓰다**: 일이 뜻대로 되지 않아 기분이 언짢거나 괴롭다.
> (예문) 팀장에게 보고서를 퇴짜 맞은 대리는 입맛이 쓴 표정이었다.

박 영감은 고추 농사를 크게 짓는 농부예요. 큰 부자는 아니어도 먹고살 만큼 농사가 잘돼서 큰 걱정 없이 살았어요.

박 영감에게는 아들이 둘 있었어요. 큰아들은 게으르기 짝이 없고, 작은아들은 박 영감보다 부지런하고 농사에 소질이 있었지요.

'큰 녀석이 문제로군. 둘 다 부지런히 농사일을 배우면 얼마나 좋을까. 올해는 한번 경쟁을 붙여 볼까?'

마침 고추가 빨갛게 익어 수확할 때가 됐어요.

"아이고, 요 고추 좀 봐. 단단히 약이 올랐네."

고추에 약이 올랐다는 말은 매운맛이 최고로 강해졌다는 뜻이에요. 박 영감은 당장 두 아들을 불러 일을 시켰어요.

"자, 약이 오른 고추를 골라서 많이 따는 사람에게는 저쪽 선산을 물려주겠다."

아버지의 말에 큰아들은 귀가 번쩍 뜨였어요. 그렇지만 행동이 굼떠서 작은아들이 두 개 딸 때 하나밖에 따지 못했어요. 큰아들은 속이 상해 얼굴이 고추처럼 벌겋게 달아올랐어요.

'지면 안 되는데……. 저 녀석은 왜 저리 잘하는 거야?'

큰아들은 고추처럼 속에서 약이 올라 견딜 수가 없었답니다.

'약이 오르다'에서 '약'은 아플 때 먹는 약이 아니라, 고추나 담배 같은 식물이 자라면서 생기는 자극적인 성분을 뜻해요. 그래서 고추가 자라서 매운맛이 강해지면 "고추에 약이 올랐다."라고 말하지요. 그러다 그 뜻이 점차 확대되어 사람 마음에 화가 생기고 얄미워하는 기분이 들 때 '약이 오르다'라고 쓰게 됐어요.

쥐도 새도 모르게

감쪽같이 행동하거나 처리하여 아무도 모르게

> **관련된 속담**
> ○ **낮말은 새가 듣고 밤말은 쥐가 듣는다**: 아무도 안 듣는 데서라도 말조심해야 한다는 뜻. 또는 아무리 비밀스럽게 한 말이라도 반드시 남의 귀에 들어간다는 뜻.

어느 날, 할아버지가 강에서 잉어를 잡았어요. 그런데 잉어가 눈물을 흘리며 살려 달라고 애원하자, 할아버지는 잉어를 놓아줬어요.

그리고 그 이튿날, 놀라운 일이 벌어졌어요. 알고 보니 잉어는 용왕님의 아들이었는데, 살려 준 보답으로 할아버지에게 소원을 들어주는 보물을 선물한 거예요.

할아버지는 큰 부자가 되었어요. 보물에 대고 말만 하면 큰 기와집이 뚝딱 지어졌고, 쌀과 고기도 잔뜩 쌓였지요.

이 소식이 옆 마을 심술쟁이 할머니 귀에 들어갔어요.

'뭐? 그런 진귀한 보물이 있다고? 내가 훔쳐 와야겠군!'

깊은 밤, 할머니는 할아버지 집에 몰래 들어갔어요. 보물을 찾으려고 벽장을 뒤지자, 때마침 벽장 안에 있던 쥐들이 소리를 냈어요.

"찍찍! 도둑이다!"

"주인 할아버지한테 알려 주자! 찍찍!"

쥐들한테 도둑질을 들킨 할머니는 부리나케 도망갔어요.

며칠 뒤, 할머니는 쥐들이 활동하지 않는 낮에 보물을 훔치려고 했어요. 그런데 이번에는 새들에게 들켰지요.

"짹짹! 도둑이다! 도둑이다!"

할머니는 헐레벌떡 집으로 돌아와야 했어요.

"에잇! 쥐도 새도 모르게 가져오려고 했는데 다 들켜 버렸잖아!"

낮에는 새들이 하늘을 날아다니고, 밤에는 쥐들이 돌아다니지요. '쥐도 새도 모르게'라는 말은 어떤 일이든 감쪽같이 아무도 모르게 처리한다는 뜻이에요.

파리 날리다

영업이나 사업 따위가 잘 안되어 한가하다

비슷한 관용어

- **개미 새끼 하나 볼 수 없다**: 아무도 찾아볼 수 없다.
  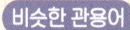 오늘 추위가 매서운 탓인지 시장에서 개미 새끼 하나 볼 수 없었다.

시골에 사는 동이 아버지는 부인이 곱게 짠 삼베를 팔러 길을 나섰어요. 이번에는 제법 큰 오일장에 가서 팔아 볼 생각이었어요. 삼베를 팔아 동이가 좋아하는 고등어자반도 사고요.

동이 아버지는 물어물어 드디어 오일장에 도착했어요. 그런데 예상만큼 북적이지도 않고 어쩐지 썰렁한 느낌마저 들었죠.

좋은 생선이 있나 구경하러 간 생선 가게 앞에는 냄새를 맡고 달려든 파리들만 날고 있었어요. 동이 아버지는 답답해서 생선 가게 주인에게 물었어요.

"여기가 오늘 큰 오일장이 선다는 시장 맞긴 맞소? 오일장에 뭐 이리 사람은 없고 파리만 날리는지……."

그러자 생선 가게 주인은 부채로 파리를 휘휘 쫓으며 말했어요.

"우리 오일장은 3일, 8일에 선다오. 내일이 3일이니, 장이 크게 서는 날은 내일이지. 날짜를 착각하셨나 봅니다."

동이 아버지는 허탈하게 웃었어요. 꼬박 반나절을 걸어서 왔는데 날짜를 잘못 알았다니 맥이 빠져 버렸죠. 그때 파리가 날아와 윙윙거렸어요. 동이 아버지는 짜증을 내며 파리를 쫓았어요.

파리는 음식 냄새가 나는 곳이라면 언제 어디서든 쉽게 나타나요. 그렇지만 손님이 많고 장사가 잘된다면 가게 주인이 한가하게 파리나 쫓고 있을 틈이 없겠죠? '파리 날리다'라는 말은 가게에 손님은 없고 파리만 날아다니는 모습을 표현한 말이에요.

하늘이 노랗다

큰 충격을 받아 정신이 아찔하다

비슷한 관용어

- **별이 보이다:** 충격을 받아서 갑자기 정신이 얼떨떨하다.
- (예문) 빙판길에 미끄러진 경수의 눈에 **별이 보였다**.

옛날 몹시 가난한 선비가 있었어요. 가난해도 너무 가난해서 선비와 그의 아내는 굶기를 밥 먹듯 했어요.

견디다 못한 아내가 친정에 가서 돈을 빌려 왔어요.

"여보, 우리 이 돈으로 장사를 해 봐요."

선비는 무슨 장사를 해 볼까 고민했어요. 평생 책만 보던 사람이 장사를 하려니 막막했지요.

그러던 어느 날, 선비가 장터에서 인절미를 사 먹었는데 아주 맛있었어요. 가만히 지켜보니 그 인절미가 매우 잘 팔리고 있었어요.

'이 인절미가 맛도 좋고 다른 지방보다 값이 싼 것 같네. 이걸 사다가 다른 고장에 가서 팔면 돈이 남겠어.'

선비는 빌린 돈으로 인절미를 잔뜩 사서 다른 고장으로 팔러 갔어요.

마침 때는 더운 여름이었어요. 선비는 무거운 인절미 보따리를 들고 장터에 도착해 보따리를 풀어 보고는 그만 정신이 아득해졌어요. 날씨가 하도 더워서 그 많은 인절미에 죄다 곰팡이가 피어 있었던 거예요. 선비는 갑자기 하늘이 노랗게 보였어요. 그러고는 그대로 쓰러졌어요. 선비 주변으로 사람들이 몰려들었어요.

"이봐요, 정신 차려요. 갑자기 왜 그러시오?"

"하늘이 노랗게 보이는군요. 제가 이대로 죽는 건 아니겠지요?"

사람이 너무 큰 충격을 받거나 스트레스를 받으면 실제로 혈관이 막히거나 좁아지는데, 이때 하늘이 노랗게 보인다고 해요. 그래서 '하늘이 노랗다'라는 말은 너무 힘들어 기력이 떨어졌거나 심한 충격을 받았다는 뜻으로 쓰여요.

해가 서쪽에서 뜨다

전혀 예상 밖의 일이 벌어진 경우나 절대로 일어나지 않을 일을 이르는 말

비슷한 관용어

○ **손에 장을 지지다**: 절대로 일어나지 않을 일이라고 확신할 때 쓰는 말. 또는 어떤 사실이나 사건 따위를 전혀 믿을 수 없을 때 쓰는 말.

(예문) 네가 이번 시험에서 1등을 하면 내 손에 장을 지지겠다.

옛날에 말 안 듣는 청개구리가 살았어요. 이 청개구리는 엄마 개구리가 이쪽으로 가라 하면 저쪽으로 가고, 저쪽으로 가라 하면 이쪽으로 갔지요.

"제발 엄마 말 좀 들어라."

엄마 개구리는 아들을 혼내기도 하고 타이르기도 했지만 아무 소용이 없었어요. 엄마 개구리는 마음의 병이 점점 깊어져 시름시름 앓았어요.

어느 날, 엄마 개구리는 앞으로 살날이 얼마 남지 않은 것을 알아차렸어요. 그래서 아들에게 이렇게 말했어요.

"애야, 아무래도 엄마는 더 살지 못할 것 같구나. 죽기 전에 마지막으로 한 가지만 부탁할게. 엄마가 죽거든 서쪽에서 떠오르는 해를 보며 항상 부지런하게 살아가거라. 알겠니?"

엄마는 일부러 이렇게 말하고 숨을 거두었어요. 반대로 말하면 아들이 동쪽에서 떠오르는 해를 보며 부지런해질 줄 알았거든요. 그런데 아들은 그제야 엄마 말을 듣지 않은 것을 후회했어요.

'그동안 엄마 속을 너무 썩였으니 마지막 소원은 들어드리자.'

청개구리 아들은 날마다 서쪽을 바라보며 해가 뜨기를 기다렸어요. 그러나 해는 뜨지 않았어요. 해가 서쪽에서 뜨는 일은 결코 일어날 리가 없으니까요.

<u>해는 동쪽에서 뜨고 서쪽으로 져요. 지구가 둥글다는 사실만큼이나 아주 확실한 진리죠. 그러니까 '해가 서쪽에서 뜨다'라는 말은 전혀 예상 밖의 일을 하려고 하는 경우나, 결코 일어날 수 없는 희한한 일을 하려고 하는 경우를 비유적으로 이르는 표현이에요.</u>

찾아보기

가면을 벗다 102
가슴에 새기다 42
가시가 돋다 128
간이 작다 44
간이 크다 44
감투를 쓰다 104
개미 새끼 하나 볼 수 없다 152
골머리를 썩이다 8
골치 아프다 8
국물도 없다 76
국수를 먹다 78
군침을 흘리다 20
귀가 얇다 10
귀를 기울이다 12
귀를 열다 12
귀에 딱지가 앉다 14
귀에 못이 박히다 14
그림의 떡 80
깨가 쏟아지다 82
꽃을 피우다 130

나사가 풀리다 106
나사를 죄다 106
날개를 펴다 132
낮말은 새가 듣고 밤말은 쥐가 듣는다 150

낯가림 16
낯을 가리다 16
눈 깜짝할 사이 18
눈독을 들이다 20
눈에 들다 22
눈이 높다 34
눈이 맞다 22

다리 뻗고 자다 46
다리를 놓다 108
다리를 잇다 108
담을 쌓다 110
된서리를 맞다 84
두 손 들다 56
뒤가 드러나다 102
뒤통수를 때리다 48
뒤통수를 맞다 48
딴죽 걸다 118
떠오르는 별 134
떡 먹듯 88
떡 주무르듯 하다 90
뜨거운 맛을 보다 84
뜬구름 잡다 136
뜸을 들이다 86

마당발 64
마음을 놓다 46

말을 맞추다 32
머리 꼭대기에 앉다 52
머리를 맞대다 50
머리를 모으다 50
멍석을 깔다 138
면목이 없다 24
명약관화 142
몸을 던지다 54
몸을 사리다 54
무릎을 꿇다 56
무릎을 마주하다 58
무릎을 치다 58
물 만난 고기 138
물불을 가리지 않다 140

바람 잡다 136
발등에 불이 떨어지다 60
발목 잡히다 62
발을 맞추다 70
발을 빼다 68
발이 넓다 64
밥 먹듯 하다 88
배가 아프다 66
배부른 흥정 94
벽을 쌓다 110
별이 보이다 154
부처님 손바닥 52
불 보듯 뻔하다 142
빛을 발하다 144

빛을 보다 144
빼다 박다 120
뼈가 있다 128
뼈에 새기다 42
뿌리를 뽑다 146

사촌이 땅을 사면 배가 아프다 66
색안경을 끼고 보다 112
색안경을 쓰다 112
샛별 134
속 빈 강정 80
손에 장을 지지다 156
손을 씻다 68
손을 잡다 70
싹을 자르다 146
쐐기를 박다 114

앞뒤 가리지 않다 140
약이 오르다 148
어깨가 무겁다 72
어깨가 처지다 122
어깨를 짓누르다 72
어느 세월에 86
어림 반 푼어치도 없다 76
얼굴에 철판을 깔다 26
얼굴을 들지 못하다 24

얼굴이 두껍다 26
열매를 맺다 130
옷을 벗다 104
이를 갈다 28
이를 악물다 28
입맛대로 하다 90
입맛이 쓰다 148
입에 침이 마르다 30
입을 맞추다 32
입이 귀밑까지 찢어지다 82
입이 닳다 30

전광석화 18
죽도 밥도 안 되다 92
죽을 쑤다 92
쥐도 새도 모르게 150

찬물을 끼얹다 96
찬밥 더운밥 가리다 94
책을 잡히다 62
첫 단추를 끼우다 116
첫발을 떼다 116
초를 치다 96
초미지급 60

코웃음 치다 36
콧대가 높다 34
콧방귀를 뀌다 36

트집을 잡다 118

파리 날리다 152
판에 박다 120
팔랑귀 10
풀이 죽다 122

하늘이 노랗다 154
한배를 타다 98
한솥밥을 먹다 98
해가 서쪽에서 뜨다 156
허리띠를 졸라매다 124
허리띠를 풀다 124
혀끝을 차다 38
혀를 차다 38
화촉을 밝히다 78
활개를 치다 132

읽다 보면 문해력이 저절로
그래서 이런 관용어가 생겼대요

초판 1쇄 발행 2023년 11월 27일
초판 5쇄 발행 2025년 8월 11일

글쓴이 우리누리 | **그린이** 송진욱

발행인 이종원 | **발행처** (주)길벗스쿨 | **출판사 등록일** 2025년 5월 28일
주소 서울시 마포구 월드컵로 10길 56(서교동) | **대표전화** 02)332-0931 | **팩스** 02)322-3895
홈페이지 school.gilbut.co.kr | **이메일** gilbut@gilbut.co.kr

기획 및 책임편집 김언수 | **제작** 이준호, 이진혁, 김우식
영업마케팅 지하영 | **영업관리** 정경화 | **독자지원** 윤정아
CTP출력 및 인쇄 교보피앤비 | **제본** 경문제책사
디자인 양×호랭 DESIGN | **교정교열** 김미경

잘못 만든 책은 구입한 서점에서 바꿔 드립니다.
이 책은 저작권법에 따라 보호받는 저작물이므로 무단전재와 무단복제를 금합니다.
이 책의 전부 또는 일부를 이용하려면 반드시 사전에 저작권자와 (주)길벗스쿨의 서면 동의를 받아야 합니다.
인공 지능(AI) 기술 또는 시스템을 훈련하기 위해 이 책의 전체 내용은 물론 일부 문장도 사용하는 것을 금합니다.

ⓒ우리누리, 송신욱

ISBN 979-11-6406-620-9(73710) (길벗스쿨 도서번호 200386)

제품명: 그래서 이런 관용어가 생겼대요	주소: 서울시 마포구 월드컵로 10길 56(서교동)
제조사명: (주)길벗스쿨	전화번호: 02-332-0931
제조국명: 대한민국	제조년월: 판권에 별도 표기
사용연령: 8세 이상	KC마크는 이 제품이 공통안전기준에 적합하였음을 의미합니다.